# 敦煌·人间四味

胡同庆 王义芝 著

DUNHUANG
RENJIANSIWEI

故事里的敦煌

胡同庆 主编

甘肃文化出版社

图书在版编目（CIP）数据

敦煌·人间四味 / 胡同庆，王义芝著. -- 兰州 : 甘肃文化出版社，2022.11
（故事里的敦煌 / 胡同庆主编）
ISBN 978-7-5490-2285-4

Ⅰ. ①敦… Ⅱ. ①胡… ②王… Ⅲ. ①敦煌壁画－研究 Ⅳ. ①K879.414

中国版本图书馆CIP数据核字(2021)第174480号

# 敦煌·人间四味

胡同庆　王义芝 | 著

项目策划 | 郧军涛　甄惠娟
责任编辑 | 史春燕
封面设计 | 马吉庆

出版发行 | 甘肃文化出版社
网　　址 | http://www.gswenhua.cn
投稿邮箱 | gswenhuapress@163.com
地　　址 | 兰州市城关区曹家巷 1 号 | 730030（邮编）

营销中心 | 贾　莉　王　俊
电　　话 | 0931-2131306

印　　刷 | 山东新华印务有限公司
版式设计 | 兰州大雅文化艺术有限公司
开　　本 | 880 毫米 × 1230 毫米　1/32
字　　数 | 100 千
印　　张 | 6
版　　次 | 2022 年 11 月第 1 版
印　　次 | 2022 年 11 月第 1 次
书　　号 | ISBN 978-7-5490-2285-4
定　　价 | 58.00 元

# 前　言

随着年龄的增长，看得多了，听得多了，经历得也多了，所谓阅历也就相对丰富了。

这些年来，经常见面的同事、亲友感觉变化不大，但遇到一两年未见面的，见了都有些吃惊——彼此似乎都老了许多，感叹岁月不饶人。特别是每年都有几个熟悉的人离开了人世，其中有年龄与自己相仿的，也有比自己年长或年轻的。六七十岁病逝的不少，四五十岁病逝的似乎更多。至于患各类重大疾病的同事、同学以及亲友看到的、听说的就更多。

现在人们相互见面时，常常谈论的便是有关生老病死的问题，互相祝福的也主要是身体健康，也常常因此而感叹人生。

笔者近些年来，随着年龄和身体状况的变化，自然对有关生老病死的问题也比较敏感，于是在研究敦煌佛教石窟艺术的过程中，便开始关注敦煌壁画和敦煌文献中的有关内容。

实际上，敦煌壁画中关于生老病死的内容非常之多，从中可以看到佛教对这类问题非常重视。就“生”而言，既有关于生育乃至受孕条件的科学论述，也有对生育过程的关怀，同时也非常关注产妇和初生婴儿的身体健康。就“老”而言，既有关于人老了发白背驼、眼花耳聋等情况的全面分析，同时也关注辅助老人的行动工具以及养老、身心健康等问题。就“病”而言，既关注各类病患者的痛苦处境，也关注针对各类疾病的治疗、护理方法，和关注相应的医疗机构、医药文献。就“死”而言，关注各类灾难对人的危害，关注“老有所葬”，提倡丧葬互助；尤其重要的是，不忌讳谈“死”，特别重视临终关怀。

为此，我们尽力搜集敦煌壁画中有关生老病死的图像资料，结合相关佛经和敦煌藏经洞出土文献，“让历史说话，让文物说话”，让中华民族的优秀传统文化能够得以传承，进而增强人民的民族自尊心和自信心。

# 目 录

# 生

敦煌·人间四味

每个人和每一个其他原生动物的生命中最重要的一刻就是其个体生存开始的一刻，也就是父母双方的性细胞相遇而融合为一个单一细胞的那一刻。

生是一个与死相对立的概念，它很早就成为人们所思考的对象。

——[德]恩斯特·海克尔《宇宙之谜》

# 佛教的生育观

当一般人看到有人抛弃家庭，到寺院去当和尚、尼姑，就误以为佛教主张不要家庭，不要生儿育女，不要传宗接代，指责佛教鼓励信徒出家，导致许多家庭断子绝孙、社会人口的减少，继而影响国家的政治、经济、军事等状况。

其实，佛教对人类的繁衍生息是很重视的。据《过去现在因果经》记载，悉达多太子决意出家时，父王曾对他说："国嗣既重，属当相继，唯愿为我，生汝一子，然后绝俗，不复相违。"太子是心想："大王所以苦留我者，正自为国无绍嗣耳。"他便对父王说："善哉如敕。"然后"即以左手，指其妃腹，时耶输陀罗，便觉体异，自知有孕。"这与中国"不孝有三，无后为大"的传统观念颇为相似。

历史中的决定性因素归根结底为现实生活中的两种生产，其中一种生产是"人类自身的生产，即种的繁衍"[1]。佛教对"种的繁衍"不仅重视，而且还进行了颇为深入的研究。如佛学中有"男女二根"的概念，二根，即男根与女根，即男性生殖器与女性生殖器。据《俱舍

1［德］恩格斯：《家庭、私有制和国家的起源》，人民出版社，1972年，第3页。

论》卷三所述：由此二根令诸有情男女类别（有情异），又依此二根而有形相、言音、乳房等别（分别异），对于染净有增上（助长）作用。此二根不完全之众生，则于染法于净法都无增上作用。《瑜伽师地论》卷五十七云：由于此二根有安立家族而令相续不断地增上势用，故立此二根。此二根都是身根的一部分，在男女两性身上有凸凹之异，不同于其他感官之男女无别。男根或称为身生、生支，具有生殖功能。在三界中，只有欲界有男、女二根，色界、无色界则无。色界之所以无此根，是因此界已离淫欲。至于无色界既已无色，所以也没有色法的二根。此外，一人身上同时具有二根者，称为二形；无生殖器者称为扇搋；无睾丸者称为半择迦；因过失或故意而损坏根的扇搋，称为断根。一般而言，断男根者称为断根；虽具女根但无生殖能力者，称为石女。

特别值得注意的是，还有佛经专门论及男女生育之关系，其论述相当于现代的优生学理论，如《增壹阿含经》卷十二中谈道，若"父母共集一处，尔时父欲意盛母不大殷勤，则非成胎。若复父母集在一处，母欲炽盛父不大殷勤，则非成胎。若复父母集在一处，父有风病母有冷病，则不成胎。若复父母集在一处，母有风病父有冷病，则非成胎。若复有时父母集在一处，父身水气偏多母无此患，则非成胎。若复有时父母应集一处，然父身遇重患……母身得重患……父母身俱得疾病，则非成胎。"文中反复出现"父母集在一处"的话，是对"种的繁衍"最基本条件的客观认识；如结合引文中所述，父母身心健康对受孕的影响，可以看出佛教对生育的认识含有唯物的、科学的成分。

在敦煌壁画中，有许多半裸、全裸甚至暴露性器官的人物形象，也反映了佛教艺术对性文化的宽容和理解（图 1、图 2）。

图 1　西魏第 285 窟南壁　飞天

图 2 北周第 428 窟窟顶 飞天

关于佛教徒出家的问题，也要换个角度看。从实际情况来看，鼓励一部分佛教徒出家，建立无血缘关系的新家庭（一个寺院就等于一个大家庭）有其重要的意义；佛教鼓励大部分信徒在家修行，保持以血缘关系为基础的旧家庭，不仅解决了人类延续后代的问题，同时也争取到更多人对佛教的支持。例如拥有妻妾的维摩诘居士既被中国士大夫阶层视为楷模，同时又为佛教界所接受，并被高度肯定。又如，佛教一方面鼓励人们出家为僧，一方面又鼓励人们向观音菩萨祈求生儿育女，等等。从这些看似矛盾的现象我们可以看到，佛教的家庭观念以及生育观有其现实性，更有社会的广泛性。

# 对情欲的理解与宽容

性，是人的生理本能，也是人类“种的繁衍”的基础。虽说佛教主张禁欲，特别是对男女之间的情欲非常敏感，但是在敦煌佛教艺术宝库中，则表现出一定程度的理解与宽容。

如莫高窟北魏第257窟南壁《沙弥守戒自杀缘品》，就是一幅涉及男女之情的壁画。这幅画描绘了一位年轻沙弥不受美貌少女诱惑，以身殉佛教戒律的故事，同时也反映了情欲与禁欲之间的矛盾。

据佛经记述，印度曾有一个虔诚信佛的长者，送儿子到一位德高众望的高僧门下，受戒为沙弥。平常，这位高僧和弟子的衣食，由本城的一位富有居士供养。有一天，居士外出，留其十六岁的妙龄女儿在家看守，而居士行前忘记了给僧人送饭。高僧候食不来，就派沙弥到居士家乞食。沙弥来到居士家敲门乞食，少女开门一看，见是一位俊郎的沙弥，顿时心生爱慕，在沙弥面前牵手拉衣，做诸娇态，倾吐衷情，并欲以身相许。而沙弥想到师父教导的三规五戒，“坚摄威仪，颜色不改”，为了保持清白，趁少女不注意之时，持刀自刎而死。少女见沙弥身亡，悲呼哀泣。待居士回到家中，少女述说了真情。按印度当时的风俗，僧人死

图 3 北魏第 257 窟南壁
沙弥守戒自杀缘品·叩门乞食

在俗人家里，要缴纳罚金一千。居士呈报国王，并依法缴纳罚金赎罪。国王听后，深为感动，为了表彰沙弥以身殉佛的高尚行为，命人用香木火化沙弥尸体，并起塔供养（图 3）。

该故事一方面表彰小沙弥严守佛门戒律，压抑自己的欲念，坚贞高洁；另一方面对少女诱惑沙弥的行为进行指责，劝人以此为戒。但同时也对少女的感情冲动表示理解和同情；例如强调少女诚实述说真实情况，国王与民众也未对其深究，只是让其家人依法缴纳一些罚金而已，可见法律对少女的行为也表示宽容。

特别是西魏第 285 窟南壁的《沙弥守戒自杀缘品》所绘情节更为丰富，表现也更为含蓄。在沙弥乞食的场面中，少女见到沙弥时，对其内心感情的表现，画家没有用妖媚的形象，而是巧妙地运用映衬的手法，在屋顶上画了一只猕猴，以比拟少女感情上的“心猿意马”，由此也可见敦煌古代画家对怀春少女的理解和同情（图 4）。

图 4 西魏第 285 窟南壁 沙弥守戒自杀缘品 ▷

图 5　盛唐第 45 窟南壁　离淫欲

又如莫高窟盛唐第 45 窟南壁，其中有一幅宣传佛教禁欲观念的“离淫欲”画面，但实际上表现了人世间剪不断的男女之情。画面中，青山绿水之间，一青年男子手捧笏板，正躬身向一女子求爱。女子绿衣红裙，侧面而立，目视男子。男子躬身的姿势和弯曲的衣纹线条，巧妙地反映了其曲意讨好献殷勤的心理。女子红裙上流畅的长线，则画出了少女的矜持。画中有榜题云：“若多淫欲，常念恭敬观世音菩萨，便得离欲。”题为“离欲”，描绘的却是一幅男女求欢的情景（图 5）。

初唐第 321 窟南壁《宝雨经变》中也有一幅表现男女之情的画面，因为该画是依据《佛说宝雨经》卷三经文“应以爱语得调伏者，即现爱语而为说法”所绘，故又称作“爱语图”。画面中，山间路边，有男

图 6　初唐第 321 窟南壁　爱语图

女年轻人各一，女子穿交领窄衫小袖长裙，方头履，头饰双髻，黑发抱面，右手指向前方，侧身面向男子，喁喁低语；男子头戴幞头，穿圆领小袖长袍，系腰带，右手牵女子的披帛，左手似做告别状，跟随在女子身后。两人若即若离，若行若止，不愿离去；似乎在海誓山盟，颇有些“多情自古伤离别”“执手相看泪眼，竟无语凝咽”之意境，生动表现出男女离别时的复杂情感（图 6）。

虽然佛教主张禁欲，但“食色，性也”，情欲与人类“种的繁衍”密切相关，可以谓之前提或基本条件，所以敦煌佛教艺术中都表现出一定程度的理解与宽容。

## 渴望生儿育女的善男信女

佛教中的观音信仰之所以在中国受到普遍欢迎，与人们的求子心理有关，敦煌壁画中大量的《观音经变》便反映了当时善男信女们渴望生儿育女的迫切心情。如盛唐第45窟南壁中，绘一戴幞头、着圆领窄袖袍服的男子，双手合十，虔诚祈祷，身后立一男童，榜题云："若有女人，设欲求男，礼拜恭敬观世音菩萨，便生福德智慧之男。"（图7）其侧又绘一着上襦下裙披帔子的妇女，身后立一女童，榜题云："设欲求女，便生端正有相之女，宿植德本，众人爱敬。"（图8）

儒家传统观念认为："不孝有三，无后为大。"《礼记·昏义》明确说："婚礼者，将合二姓之好，上以事宗庙，而下以继后世也。"婚后无子，被视为大逆不道，列入女方"七出"的条件之一，男方可以此条件提出离婚，即"放妻"。因此，子嗣问题对于一个家庭，尤其是对于一个妇女来说，在一定程度上是决定命运的关键。佛教中的观音信仰，适应了中国民众的需求，也可以说是佛教文化与中国传统观念的融合。

敦煌求子习俗也与佛诞日结合在一起，每年农历四月八日，人们到莫高窟进香时，其中许多人的目的就是为了求子。如第454窟甬道南壁

图 7　盛唐第 45 窟南壁　求男得男

图 8　盛唐第 45 窟南壁　求女得女

留下了朝山者求子的题词："四月初八佛圣诞，善男信女求儿男。人有成（诚）心佛有感，好儿好女在□（眼）前。"又如第 138 窟甬道北壁有横批："有求必应。"其下有许多求子及得子还愿的题词，其中有一段云："光绪十一年七月初七日，弟子刘天济诚信还愿……十年四月初六求男，十一年四月初旬天赐一男童，乳名千佛宝，大吉大利。"

敦煌变文P.2999《太子成道经一卷》中有一段关于求子风俗的生动描写，经云："净饭大王，为宫中无太子，忧闷寻常不乐。……大王问大臣：'如何求得太子？'大臣奏大王曰：'城南满江树下，有一天祀神，善能求恩祈福。往求太子，必合容许。’是时大王排枇銮驾，便亲自往天祀神边。……索酒自发愿：‘（吟）拨棹乘船过大江，神前倾酒三五瓮。倾伾杯不为诸余事，男女相兼乞一双。’夫人道：‘大王何必多贪，求男是男，求女是女，一双难为求觅。’夫人索酒亲自发愿浇来，甚道：‘若是得男，神头上伞左转一匝；［若是］得女，神道头上伞盖右转一匝。’便乃浇酒云：‘拨棹乘船过大池，尽情歌舞乐神祇。歌舞不缘别余事，伏愿大王乞个儿。’其神头上伞盖即[便]左转。”后来果有身孕，生下太子。

敦煌古代民俗中还有许多关于求子的偏方巫术，如P.2666v中的偏方巫术云：“治妇人无子，多年不产，取白狗乳，与着产门中，以往房之得。”敦煌唐代人认为白母狗之乳汁乃多子之灵物，将白母狗之乳汁加以采集，并把这种有魔力之液体，滴入女子体内，神力便能让多年不孕的女子怀孕产子。又云：“治妇人无子，取□，树孔中草，烧作灰，取井□水，服之验。”认为树孔中的草也有促生育的神力，将其烧成灰和井水服即可治女子不孕症。又云：“凡人纯生女，隐始六十日，取弓弦，烧作灰，取清酒服之，回女为男。”认为只生女孩的妇女，将弓箭烧作灰和清酒服下，便能改生男孩。又如P.2661v是敦煌晚唐时期州学弟子尹安仁的《诸杂略得要抄子一本》，内云：“以狗肝涂宅，令妇人生富贵子。”

敦煌文献中的《解梦书》里也有很多涉及求子的内容，如P.3908《新集周公解梦书一卷》云：“梦见上天者，生贵子。”“梦见杂薰者，有孕。”“梦见得官者，生贵子。”“梦见食龙肉，生贵子。”“梦见食马肉者，妻有娠。”“梦见食鸟肉者，有子孕。”“梦见［着］绿衣者，妻有孕。”“开日得梦，主生贵子。”又如S.2222、P.3685《周公解梦书残卷》云：“梦见妻带刀子，有子。”“梦见宅新，有贵子。”“梦见妇溺水中，生贵子。”“梦见蛇入怀，有贵［子］。”“梦见先祖入市，生贵子。”又如P.3105《梦书残卷》云：“梦见土在心腹上，失子孙。”“梦见服日月，贵；又云生贵子。”“梦见上天者，大吉，生贵子。”又如S.0620《占梦书残卷》云：“梦见门中生树，生贵子。”“梦见鸽衔粟，必生贵子。”“梦见龙，必富贵；一云生贵子。”“梦见蛇齿人，妻必子。”

如此等等，皆反映了唐五代时期敦煌民间的求子习俗。

## 十月怀胎多艰辛

传宗接代是人生之大事，反映在求子、怀孕、保胎、生产、哺育等一系列过程中。

怀孕的前提是男女房事，佛教对此虽有论述，但总的来说还是比较隐晦，在涉及这类问题时，大多借用神话、传说之类来述说。如悉达多太子决意出家时，为了满足父王渴望有孙子的心愿，于是“即以左手，指其妃腹，时耶输陀罗，便觉体异，自知有孕”。又如著名的佛传故事“乘象入胎”，据说净饭王和王后摩耶夫人虽结婚多年，却一直膝下无子。一天，摩耶夫人在睡觉时，梦见一位菩萨乘着一头白色的大象从空中而来，又从她的右胁进入了腹部。这时，周围大放光明，普照天下，并有天人散花奏乐。夫人从梦中惊醒后，就把这个奇特的梦讲给净饭王听，国王也很惊异，于是请来相师占梦。相师占卜说：“此梦预示圣神已来府降胎，降生之时，必定会大放光明；同时有天神护持围绕。太子以后，在家当为转轮圣王，统帅四方天下，让释迦族光耀；出家学道则当为佛，度脱十方。”“乘象入胎”是敦煌壁画中非常流行的题材（图9、图10）。

图 9　隋代第 397 窟西壁龛内北侧　乘象入胎

入胎有孕虽然重要，怀孕保胎更为重要，即人们常说的“十月怀胎”。这个阶段一方面是指母亲怀孕的艰辛，另一方面是指母子的安全性。因此在古代敦煌，从女子妊娠开始，便通过焚香、念佛等方式祈求母子平安，如敦煌文献P.2418《父母恩重经讲经文》云：“十月怀胎弟子身，如擎重担苦难论。……专希母子身安乐，念佛焚香百种求。……怀胎十月欲将临，苦切之声不忍闻；千回念佛求加护，万遍烧香请世尊。”

又如S.5561等卷《难月文》云："以兹舍施功德、念诵焚香，总用庄严患者即体；唯愿日临月满，果生奇异之神童；母子平安，定无忧嗟之苦厄。"又S.5640《愿文》云："于日延僧请佛，愿假慈悲；赞颂观音，希垂卫护。……生必仙子，尅保神童，母子平安，庆蒙交泰。"S.4438《十恩德》"第一怀胎守护恩"云："说着气不舒，慈亲身重力全无，起坐大人扶。如恙病，喘息粗，红颜渐觉焦枯。报恩十月莫相辜，佛且劝门徒。"大足石刻中对此有生动的刻画（图11），并另外附有榜题："慈母怀胎日，全身重如铁，面黄如有病，动转亦艰难。"

关于十月怀胎之艰辛，佛教另外有比较含蓄的表达方式，如说释迦牟尼的儿子罗睺罗在母胎中长达六年之久。又如佛经中有一个"长老比丘在母胎中六十年缘"的故事，说曾有一个妇女怀孕已"足满十月，便欲产子，然不肯出"，六十年后，这位母亲患重病去世，家人将她的尸体拖到野外，请当时的神医耆婆来做手术，剖开肚子，取出一个活生生的小孩。这个小孩，头发都已经白了，背也变驼了。新疆克孜尔石窟第104窟中就绘有这个故事，画面中释迦佛结跏趺坐，做说

◁ 图10　初唐第375窟西壁龛外北侧　乘象入胎

图 11　大足宝顶山第 15 号龛
怀胎守护恩

图 12　克孜尔石窟第 104 窟
长老比丘在母胎中六十年缘

法状，其前侧绘有一老人，身躯倒置，屈成一团，表示还在母胎中（图12）。

佛经中还有一个故事，说释迦牟尼佛正在精舍给大家讲经的时候，一个叫栴沙的外道女子在肚子上绑了一个盆子，声称佛陀跟她有关系，并已经怀孕，很快就临产了。她手指着佛说："你跟我结婚之后没多长时间，就跑出来了，装模作样来当佛，教育别人，自己的家也不顾，我这里快要生孩子了，你还跑到这里来讲什么大道理。"她这么一说，让在场听法的众人感到很吃惊，因为人们对怀孕的妇女都很同情。面对这种情况，知道内情的帝释天忍无可忍，他变成一只老鼠钻进她的衣服里，把绳子咬断，那个盆子就掉在了地上。众人见后哄堂大笑，说："你

图 13　克孜尔石窟第 80 窟　假孕妇谤佛

的孩子已生下来了……”克孜尔石窟第 8 号和第 80 号洞窟中的壁画都描绘有这个故事（图 13）。

从人们对妇女怀胎的态度，以及这些佛经里记载的故事，都从不同角度反映出妇女十月怀胎的艰辛。

# 妇女分娩时的艰难痛苦

俗话说，妇女临盆生产时，是一命换一命。正如敦煌文献S.4438《十恩德》“第二临产受苦恩”中所叹:“苦哉母腹似刀分，楚痛不忍闻。如屠割，血成盆，性命只恐难存。”为此，自古以来人们对妇女生育都非常重视，并有相应的生育风俗、接生方式和产后禁忌等。

各地相关的风俗有所不同，敦煌壁画和敦煌文献中主要有以下一些内容：

一、回娘家生产

敦煌壁画中有反映当时印度民间妇女回娘家生育的风俗，据《佛本行集经·树下诞生品》云：“尔时菩萨圣母摩耶，怀孕菩萨，将满十月，垂欲生时，时彼摩耶夫人父善觉长者，即遣使人，诣迦毗罗净饭王所，奏大王言：‘如我所知，我女摩耶，大王夫人，怀藏圣胎……我意欲迎我女摩耶，还来我家，安置住于岚毗尼中共相娱乐，尽父子情。唯愿大王，莫生留难，乞垂哀遣，放来我家，于此生产，平安讫已，即奉送还。”即按当时古代印度的风俗，妇女头胎怀孕必须回娘家分娩。为此摩耶王后临产前夕，便乘坐轿子回娘家分娩。途经蓝毗尼花园时，她感到有些疲乏，便下轿到花园中休息，见园中百花开放，顿时心旷

图 14 北周第 290 窟人字披东披佛传·树下诞生

图 15 北周第 428 窟西壁太子降生图

神怡。当夫人走到一株葱茏茂盛、开满金黄色花朵的无忧树下，便伸手扶在树干上时，不想惊动了胎气，忽然太子就从摩耶夫人的右胁降生了。这一天是四月八日，即佛诞节——这就是著名的“树下诞生”的故事，也是佛传故事中流行的题材，莫高窟北周第 290 窟、第 428 窟等洞窟中都绘有摩耶夫人临盆分娩的画面。

## 二、抱腰接盘的分娩方式

这是一种民间的助产方法，即分娩时有专人揽抱产妇的腰。莫高窟北周第 290 窟人字披佛传故事画和北周第 428 窟西壁《太子降生图》中都绘有在太子出生时，摩耶夫人站在一树下，右手攀援树枝，背后有一仕女抱腰，其下有一仕女跪地用一物承接；一婴孩正从摩耶夫人右胁下坠（图 14、图 15）。敦煌变文P.2999《太子成道经一卷》云：“（摩耶夫人）腹中不安，欲似［临］产，乃［遣］姨母波阇波提抱腰，夫人

图 16 藏经洞出土绢画
报父母恩重经变·分娩、浴儿 甘博藏

图 17 藏经洞出土绢画 报父母恩重经变·浴儿 甘博藏

手攀树枝，彩女将金盘承接太子。”敦煌民间还有一种风俗，即初生儿不用盘接，而用袋装；据敦煌文献P.2661v记载：“以小儿初生日入囊必贵。”初生日入囊可能有御风寒的作用，类似襁褓。

## 三、临产时呼喊神名

古代产妇分娩时，据说呼喊几种神的名号可以避难不死。如P.2661v写卷云：“六曰神名，天公字大荸，日字长生，月字子光，北斗字长文，太白字文君，东方朔字祖常。右难此六神名字，识之，不兵死；女人识之不产亡，有急难呼此神者，老不避死，吉。一云知此六神名，长呼之即长生不死，上为天官。”

## 四、洗儿风俗

敦煌藏经洞出土北宋绢画《报父母恩重经变》中绘有浴儿的情景，画面中产妇坐在房内，丈夫在一旁陪伴；屋外一妇女正跪在地毯上给盆

图 18　藏经洞出土绢画
九龙浴太子　英国博物馆藏

中的婴儿洗浴，一旁站着一个梳双丫髻的侍女，榜题曰："十月将满产后母子俱头洗浴时。"（图 16、图 17）P.2661v写卷云："小儿初生时煮虎头骨，取汤洗，至老无病，吉。"虎骨汤确有保健的功效，据《本草纲目》记载："虎骨并煎汤浴儿，不生疮疥诸病。"敦煌洗儿的风俗，可能与佛传故事有关，《普曜经》云："九龙在上而下，洗浴圣尊。洗浴竟已身心清净。"又有《修行本起经》云，太子出生后，"有龙王兄弟，一名迦罗，二名郁迦罗，左雨温水，右雨冷泉"。冷、热水交替洗浴，能增强人体抵抗能力。莫高窟北周第 290 窟、五代第 61 窟和藏经洞绢画中绘有多幅"九龙浴太子"故事画，画面中一般绘穿犊鼻裤的太子，立于中央，左右及头上围绕着九条龙，从空中自上而下喷水，为太子洗浴（图 18）。

五、产后禁忌及偏方

P.2661v写卷云："妇人产不满百日，不得为夫采衣洗衣，大凶。"（图 19）因为妇女产后坐月子时，容易受凉，手不能沾水，故不能洗衣；身体虚弱，不能劳累，故不能裁衣，这种风俗禁忌应该说有一定科学依据。P.2666v写卷云："妇人产后血不正，取灶突中土，和酒服，良正。"（图 20）又云："妇人产后腹中痛，取松脂乘许大服之，即差。"（图 21）这些民间偏方具有一定疗效，如灶心土在《本草纲目》中又叫"伏龙肝"，对"产后血气攻心，恶物不下""子死腹中，母气欲绝"等症状有一定疗效；松脂也可治"关节酸疼""妇女白带""风虫牙痛"等症。

关注产妇的身体健康，同时也要关注初生婴儿的健康。如果母亲因难产而去世，或因分娩而患一些重病，自然会对孩子未来的健康成长不利。

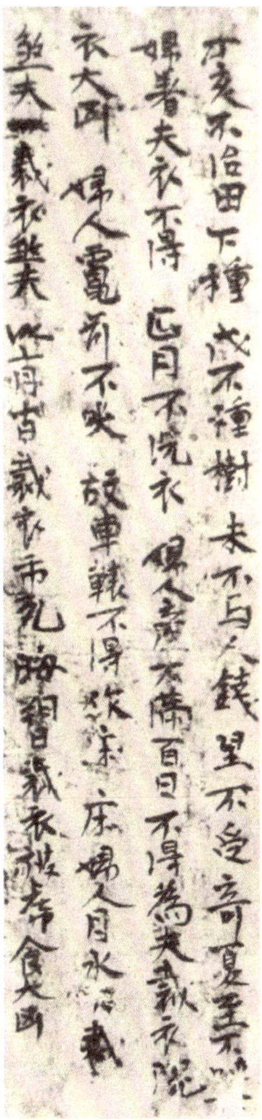

图 19 p.2661v（局部）

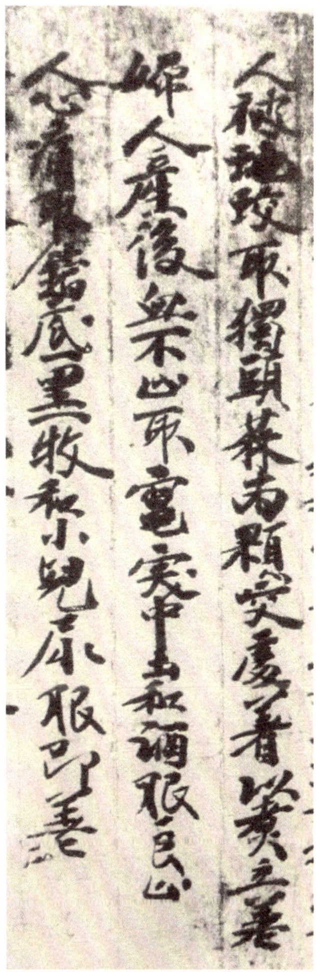

图 20 P.2666v（局部）

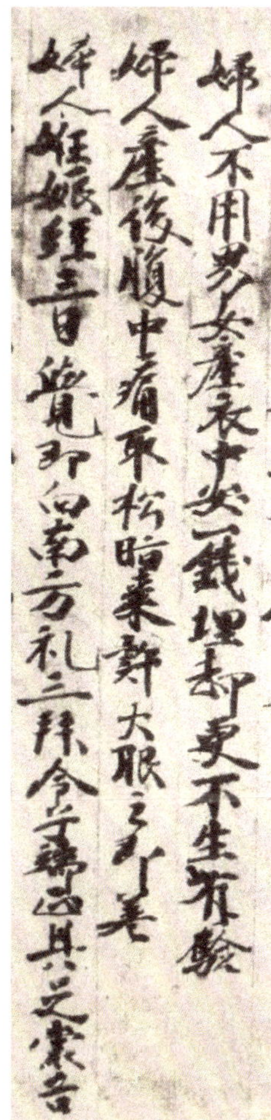

图 21 P.2666v（局部）

## 奇人出生时的祥瑞

由于诸多原因，加上缺乏科学的认识，古时许多人对传宗接代的期望往往会与迷信思想结合在一起，不仅表现在怀孕前的求儿祈女、怀孕和生产过程中祈求平安，同时也表现在对婴儿未来前途的关注。

据佛经载，悉达多太子诞生之时，天降三十五种祥瑞。其中有大地震动、丘墟皆平、巷道自净、陆地生莲、臭处变香、枯树生叶、园生奇果、七宝藏自现、呈射异光、衣裤满架、川流澄清、风停云散、普降香雨、马生白驹、黄羊生羔、明月神珠、夜如白昼、众星不行、沸星下现、宝盖覆宫、神送宝车、佳肴自生、瓮盛甘露、天神送宝、白狮入城、彩女自现、龙女绕宫、玉女执拂、玉女执香汁金瓶、天乐齐奏、刑狱废弛、毒虫隐伏、渔猎生慈、孕者生男、树神出现等祥瑞灵异的现象。莫高窟北周第290窟、五代第61窟中均绘有佛传故事画（图22—图24）。

据佛经载，太子从摩耶夫人右胁出生时，无忧树下长出大莲花，正好将从胁下生出来的太子稳稳托住。此时太子自立于地，不用扶持便会行走，每走一步，地上便长出一朵莲花，走了七步，足下步步生莲。

图 22　北周第 290 窟窟顶 佛传·巷道自净和臭处变香

图 23　北周第 290 窟窟顶 佛传·衣裤满架和川流澄清

图 24　北周第 290 窟窟顶 佛传·沸星下现、宝盖覆宫、神送宝车

图 25　第 76 窟 宋代画　太子诞生

图 26　藏经洞出土绢画　太子诞生
英国博物馆藏

这时太子又一手指天，一手指地，高声喊道："天上天下，唯我独尊！三界皆苦，吾当安之！"相关的故事画在莫高窟北周第 290 窟、五代第 61 窟、第 76 窟宋画以及藏经洞绢画中也都有描绘（图 25、图 26）。

为婴儿占相，借此预测婴儿的未来前途。据佛经载，太子诞生之夜，山中的阿私陀仙人忽然感到天地震动，夜如白昼，山中的青莲花中自然生出一狮子王。狮子从莲花中跳到地上行走七步，举头而吼，声震四十里。阿私陀仙人见天降种种祥瑞，心想："如世界有佛降临，

图 27　北周第 290 窟窟顶 佛传·阿私陀仙人给太子占相

方能现此祥瑞。当今世界充满五浊盛恶，怎会有此吉祥瑞应？”次日，阿私陀仙人立即飞往净饭王的宫殿，求见净饭王，为太子观相。净饭王令人将太子抱了出来，阿私陀双手捧着太子，仔细端详，见太子有三十二奇相、八十种好，身如金刚，殊妙难量，便知太子以后必当成佛。阿私陀观相后喜极生悲，号啕大哭。大家都不解其故，净饭王更是感到十分奇怪，于是就问阿私陀仙人：“大仙！怎么你见到太子之后如此忧愁呢？难道我的太子是短命之相而惹起你的悲哀吗？难道他的

降生将要使我亡国丧家失去财宝吗？大仙！你究竟为什么要落泪呢？为什么要叹息呢？”阿私陀仙人回答说：“大王，太子天成宝相，又具福慧，他是真正可以解救众生的大智慧者。他不会贪图欲念，不会留恋王位，他一定会修行成佛的。我之所以哭，是因为我不能活着见到他成佛，不能亲耳听到佛的说法啊！”莫高窟北周第 290 窟、五代第 61 窟壁画《佛传》中都绘有这个故事（图 27、图 28）。

图 28 北周第 290 窟窟顶 佛传·阿私陀仙人求见净饭王

# 血成白乳与儿餐

怀胎、生育不易，养育亦不易。敦煌文献P.2418《父母恩重经讲经文》云："干处儿卧，湿处母眠。三年之中，饮母白血。孩子始从生下，直至三年，饮母胸前白乳。渐渐离于怀抱，身作童儿，转系母心百般忧念。"S.4438《十恩德》："第五乳哺养育恩，抬举近三年，血成白乳与儿餐，犹恐更饥寒。闻啼哭，坐不安，肠肚万计难翻。任他笙歌百千般，偷眼岂须看。"

佛教壁画艺术中刻画父母养育婴幼儿的画面不少，从不同角度反映了养育孩子的不易。如莫高窟北凉第275窟南壁《出游四门》故事画中，绘一座城楼旁侧立一妇女，怀抱一婴儿。这位妇女身穿土红色交领衣袍，头部和上身微微向后倾，充满慈爱的双眼正注视着怀中的孩子；怀中的婴儿高仰着头，瞪着大大的眼睛好奇地望着母亲。这是敦煌壁画中最早出现的一幅母婴图（图29）。

又如盛唐第31窟窟顶东披有一幅妇女怀抱婴儿的壁画。画面中绘一简陋的小院，小院内有一间歇山顶屋子，屋内一妇女席地而坐；另有一头梳椎髻的妇女怀抱着婴儿在院里走来走去，哄逗孩子。从形

图 29　北凉第 275 窟南壁母婴图

图 30　盛唐第 31 窟窟顶东披怀抱婴儿的奶娘

象上看，屋内席地而坐的妇女可能是孩子的母亲，怀抱婴儿的妇女可能是孩子的奶娘（图 30）。

榆林窟第 38 窟西壁五代绘《弥勒经变》“婚礼图”中，画有一妇女身穿大袖襦和长裙，双手抱着一裸体婴儿，蹲在距离人群较远的旷野中，为婴儿施尿（图 31、图 32）。

晚唐第 156 窟前室顶部北侧《报父母恩重经变》中，绘一少妇正手推着一辆婴儿车缓缓前行（图 33）。虽然壁画漫漶模糊，看不清车内的婴儿是熟睡还是醒着，但母亲关爱孩子的形象却非常清楚：她微微低着头，双眼看着孩子，两手推着婴儿车的扶手，身躯微微前倾，步

榆林窟第38窟北宋弥勒变之
嫁娶圖
欧陽琳臨摹

图 31　榆林窟第 38 窟西壁
婚礼图　欧阳琳临

图 32　榆林窟第 38 窟西壁
婚礼图中抱小孩撒尿的妇女　欧阳琳临

图 33　晚唐第 156 窟前室窟顶北侧手推婴儿车的母亲

图 34　中唐第 159 窟西壁文殊变中的鬼子母

履缓缓，这一切都体现出温暖的母爱。

不过，婴儿出生后，最重要的还是哺乳问题，即《父母恩重经讲经文》和《十恩德》中所感叹的“饮母白血”“饮母胸前白乳”“血成白乳与儿餐”。如佛经中说有一个夜叉女生了五百个孩子后，乳汁不够，就每天捕捉城中小儿来喂养自己的孩子，城中居民感到非常恐怖，称其为鬼子母。后来幸得释迦佛帮助她改邪归正，这个故事从另一个角度也说明了给婴儿哺乳的重要性。

莫高窟中唐第 158 窟《涅槃经变》和中唐第 159 窟《文殊变》中都绘有鬼子母的形象。画面中鬼子母头发上竖，脸露笑容，双手交叉托抱一个白白胖胖的裸体婴儿，婴儿面带笑意用一只小手去挠鬼子母的脸颊（图 34）。新疆吐鲁番交河故城出土的唐代《鬼子母》残绢画，画面中的鬼子母为一慈祥的中年妇女，侧身坐在凳子上给怀里的婴儿喂乳，两侧有八身小顽童正在玩耍（图 35、图 36）。大足宝顶山大佛湾第 15 号龛《父母恩重经变相》中的“哺乳养育恩”图，画面中一位母亲正面而坐，衣襟敞开，双乳袒露，小孩一手抓母左肩，另一手摸母右乳，其身贴附在母亲胸前做吮吸状，旁侧有题记云：“第六□□□□乳哺养育恩。慈觉禅师颂曰：□（乳）哺无时节，□中岂暂离。不愁脂肉尽，唯恐小儿饥。”（图 37）

这些画面中的母亲，不管自己多辛苦、多劳累，神情都充满慈爱，心甘情愿为孩子付出自己的一切。

图 35　吐鲁番交河故城出土《鬼子母》唐代残绢画　德国柏林国立美术馆藏

图 36　《鬼子母》线描图

图 37　大足宝顶山大佛湾宋代第 15 号龛　哺乳养育恩　▷

# 卵生、胎生、湿生、化生

佛教认为，生命的起源即“众生脱胎之缘”，主要有四种：卵生、胎生、湿生、化生。所谓“卵生”，由卵壳出生者，称为卵生，如鸡、鸭、鹅、孔雀、鸽等。“胎生”，又作腹生，从母胎而出生者，称为胎生，如人、象、马、牛、猪、羊、驴等。“湿生”，又作因缘生、寒热和合生，即由粪聚、注道、秽厕、腐肉、丛草等润湿地之湿气所产生者，称为湿生，如蛆、虫、蛾、蚊等。“化生”，无所托而忽有，称为化生，如诸天、地狱、中有之有情（所谓“中有”，指介于今世死有与来世生有之间的五蕴身，亦即众生在死后但尚未正式投胎时的生命状态），皆由其过去之业力而化生。

印顺法师对此有进一步的阐释：“佛说四生，是约有情的最初出生到成长期间的形态不同而分别的。如胎生，最初的自体，必须保存在母胎中，等到身形完成，才能脱离母体而出生。出生后，有相当长的幼稚期，不能独立求生，要依赖生母的哺乳抚养；特别是人类，更需要父母的养育，才渐渐地学会语言、知识、技能。卵生则不同，离开母体时，还不是完成的身形，仅是一个卵，须经一番保护孵化才能脱卵壳而出。有的也需要哺养、教导，但为期不长，多能自主成长。湿生又不同，母体生下卵以后，就置之不管，任其自生自灭，等到一定时期，自己会从卵而出，或一再蜕变，自谋生存。从有情的出生到长成，胎生与母体关系最密切，幼稚时期也长；卵生次之；湿生除了生卵以外，母子间可以说没有多大关系，是最疏远的，幼稚期也极短。胎、卵、湿生的分别，就依这样的意义而成立。化生，是说这类有情，不需要父母外缘，凭自己的生存意欲与业力，就会忽然产生出来。从生长的过程说：胎生繁复于卵生，卵生繁复于湿生，湿生繁复于化生。从产生所依的因缘说，胎生与卵生，必依赖二性和合的助缘；湿生中，即有但以自身分裂成为新的生命；化生更不需此肉体的凭借，即随业发生。”[1]

《显识论》还谈到众生脱胎之缘有四种方式：1.触生，如男女交会而有子。2.嗅生，如牛羊等类，雌雄有欲心，雄以鼻嗅雌之根，则便有子。3.沙生，如鸡、雀等类，雌雀起欲心，以身埋尘沙中，而有卵生子。4.声生，如鹤、孔雀等类，雌有欲心闻雄鸣声，亦生卵生子。[2]

敦煌壁画中，摩耶夫人“树下诞生”太子的内容属于胎生。虽然从胁下生孩子，似乎和现实不符合。其实是用形象相似的身体部位代替生殖器官，既符合人们的审美需求，又迎合当时社会的伦理要求；同时也巧妙地解释了人们一般难以用语言或图画描述产妇临盆分娩的过程（图38）。另外，敦煌文献P.2418《父母恩重经讲经文》中所说的“怀胎十月欲将临”、S.4438《十恩德》“第二临产受苦恩”中所说的“苦哉母腹似

1 释印顺：《佛法概论》，北京：中华书局，2010年，第五章第二节。

2 参见《显识论》，《大正藏》，第31册，第881页。

图 38　藏经洞出土绢画　太子诞生　英国博物馆收藏

图 39　西魏第 285 窟西壁龛楣　化生童子

刀分，楚痛不忍闻。如屠割，血成盆，性命只恐难存”。P.2666v写卷中所说的“妇人产后腹中痛”等，也是对生产过程的真实描写。

敦煌壁画中有大量关于化生的画面。如西魏第 285 窟西壁正中龛楣中的化生童子，在清新的莲朵中，化生童子露半身，眉清目秀，满脸稚气，头梳髻，有的吹笙笛、有的弹奏琵琶、有的拍击腰鼓、有的应节拍掌，似在歌唱（图 39）。又如西魏第 249 窟西壁龛楣中的化生童子，坐在盛开的莲花中，手中持乐器做吹奏状，莲瓣像裙摆一样下垂，周围环绕忍冬纹（图 40）。西魏第 432 窟中心塔柱东向面龛楣中央画一

图 40　西魏第 249 窟西壁龛楣　化生童子

图 41　西魏第 432 窟中心塔柱东向面龛楣　化生童子

化生童子，坐在盛开的莲花中，挥舞飘带，其下两侧画一对青绿色的马鸡，马鸡的羽尾形如忍冬纹（图 41）。榆林窟中唐第 25 窟南壁的化生童子坐在盛开的莲花里（图 42）。初唐第 329 窟西龛两侧的化生童子在缠枝莲花中攀登嬉戏（图 43、图 44）。

虽然敦煌壁画中尚未发现关于卵生、湿生的图像，但从有关胎生、化生的画面也可以了解到佛教对于生命起源的认知。《显识论》所谈的四种众生脱胎之缘，也是对客观世界的一种观察和认识；而印顺法师的阐释，则是在近代科学相对发展情况下进一步的客观认识，其中包含进化论的思想。

图 42　榆林窟中唐第 25 窟南壁　化生童子

胎生和卵生是人们常见而且很容易观察到的客观情况，湿生是人们对一些微小生物出生状态的觉察，而化生则是人们幻想并试图探讨另一类生灵的出生。

佛教关于生命起源的“四生”理论，是客观的唯物认识观，因为当时人们对自然界的认识只能达到这一步。

尤为重要的是，“四生”是“众生平等”的理论基础。在“胎生”中，人与象、马、牛、猪、羊、驴等是平等的，在“四生”中，胎生与卵生、湿生、化生也是平等关系。

图 43　初唐第 329 窟西龛南侧　化生童子

图 44　初唐第 329 窟西龛北侧　化生童子

# 老

敦煌·人间四味

少年问老曰：余因游赏往西东，陌上春游逢一翁。其翁皓首颜无色，策杖微微怨无力。侧耳听言听不闻，注目看人竟不识。是时余乃叹其翁，谁叫发白面无红？何不双眉学春柳，飘摇两鬓骋秋蓬。

老翁答少曰：翁乃其时闻此语，含笑唤言儿且住。体瘦皮疏语不将，暗昧昏迷留与汝。吾曾三五少年时，神精美貌呈芳姿。莫言我独今如此，汝等须臾还若斯。

——敦煌文献P.2544、S.1229《少老问答诗》

## 太子出游遇老人

佛教的创立者释迦牟尼最初之所以出家，是因为哀悯众生，感悟人间诸苦，毅然削发修行的。

据佛经记载，悉达多太子因久居宫中而闷闷不乐，便骑马出游。他带着仆从出东城门时，天神首陀会天（又名净居天、难提和罗）变化为一个老人，坐在道路旁边，其“头白齿落，皮缓面皱，肉消脊偻，支节萎曲，眼泪鼻涕，涎出相属。上气喘息，身色黧黑，头手疣掉，躯体战慑，恶露自出，坐卧其上”。太子于是问侍从：“此为何人。”侍从回答：“此老人也。”太子又问：“何谓为老？”侍从回答：“老者，年耆根熟，形变色衰，气微力竭，食不消化，骨节欲离，坐卧须人，目冥耳聋，便旋即忘，言輙悲哀，余命无几，故谓之老。”太子又问：“是不是不管什么人老了都是这样？”侍从回答：“所有的人都应该是这样。”

太子听了侍从的话后非常苦恼，心中暗想：“人生于世，有此老患，愚人贪爱，何可乐者？物生于春，秋冬悴枯，老至如电，身安足恃。”“我虽富贵，岂独免耶？云何世人，而不怖畏。”他面对眼前这位头白背驼、目光呆痴、形体羸弱，拄着拐杖都一步一颤的老人，感叹人生由婴儿、童子、少年，再到青年、壮年、老年，好比一瞬间的梦境，令人悲伤厌惧。

莫高窟北凉第 275 窟南壁、北周第 290 窟窟顶人字披、五代第 61 窟屏风画中都有太子出游四门遇见老人的画面。

北凉第 275 窟南壁为了表现悉达多太子出游四门的情景，从西往东绘有四座城楼，在出东门遇见老人的壁画中，绘一位白发苍苍的老人，双眉紧皱，胡须颤动，抬眼望着骑在马上的太子，似在诉说人老之后的各种痛苦；太子眉头微蹙，眼望老人似在倾听和思索（图 1、图 2）。

图 1　北凉第 275 窟　出游四门·出东门遇见老人

图 2　北凉第 275 窟　出游四门·出东门遇见老人（局部）

图 3　北周第 290 窟人字披　太子出游 · 出东门遇见老人

北周第 290 窟人字披西披的一座重檐四阿式顶建筑下，太子骑马出行，顶上有伞盖和扇障，马前有一侍者，马后有两侍者跟随；侍者身后有一弯腰拄杖的老人（图 3）。

五代第 61 窟西壁南起第 15 扇屏风画，画面中部绘太子出城游观，四门外分别绘太子骑马出城时遇见老人、病人、死人和比丘。画面下部绘太子坐在宫殿内，曲肘以掌托腮，闷闷不乐。画面中有多条榜题，第一条中书写："太子欲出城东门，是时作瓶天子于街巷前化一老人，伛偻低头，口齿疏缺，须鬓如霜，形容黑皱，喘息速促，乃至行步或倒或扶……"生动地描写了人老后的形象。

敦煌藏经洞出土的绢画《出游四门》，图中太子遇见的老人，头戴黑色风帽，身穿白色衣袍，弓背，手拄拐杖。旁侧有榜题："尔时太子

图 4　藏经洞出土绢画　太子出东门遇见老人

出城东门观见老人问因缘时。”（图 4）

据佛经记载，弥勒之所以出家修行，也是因为“谛观世间五欲过患，众生受苦沉没，长流在大生死，甚可怜愍。自以如是正念，观察苦空无常，不乐在家”，然后“剃发出家学道”。

又有过去佛之一的毗婆尸佛，也是因为出门“见老、病人，知世苦恼；又见死人，恋世情灭；及见沙门，廓然大悟”，于是“即剃除须发，服三法衣，出家修道”。

出游四门是经典的佛传故事，佛教信众都已熟知。故事的内容让每一个人都能联想到自己的人生遭遇，环视自己周围的亲朋好友，感叹所遇、所见、所闻的一切，遥想自己和亲人的未来。

## 拄杖：老人行动的辅助工具

顾名思义，拄杖即走路时支撑身体的杖。老年人由于“形变色衰，气微力竭，食不消化，骨节欲离，坐卧须人，目冥耳聋”“乃至行步或倒或扶”。因此，年老体衰的人出门除了需要人照顾外，还需要一定的辅助工具。

有佛经谈到拄杖是老人行动的重要辅助工具，如《根本说一切有部毗奈耶杂事》卷六云：“佛在王舍城鹫峰山中，有老苾刍登山上下脚跌倒地。佛言：‘应畜拄杖。’闻佛许已，六众即便以金银等并杂彩物，雕饰其杖，俗旅见已，共生嫌贱，苾刍白佛。佛言：‘苾刍有二种缘，应畜拄杖。一谓老瘦无力，二谓病苦婴身。’”因为有一位老比丘在登山时跌倒了，佛就听诸比丘中的老弱无力或病苦缠身者拄杖，而有人借此用“金银等并杂彩物，雕饰其杖”，将杖变为奢侈品，则遭到人们“共生嫌贱”，也被佛祖及时制止。这里谈到拄杖的用途缘于生活的需要，样式也多简朴、实用。

汉代刘向《杖铭》亦曰：“历危乘险，匪杖不行；年耆力竭，匪杖不强；有杖不任，颠跌谁怨；有士不用，害何足言。都蔗虽甘，殆不可杖，佞人悦己，亦不可相。杖必取便，不必用味；士必任贤，何必取贵。”也谈及拄杖用途和取材、造型样式应适应生活的需要，即主要为“历危乘险”“年耆力竭”时所用，避免“颠跌”；杖的取材要结实，不能用“都蔗”之类，造型样式一定“取便”，即以方便为本。

敦煌僧诗中也谈及拄杖为辅助老人行动的工具，如S.6631《九相观诗·衰老相第四》云：“形销魂屡怯，气弱魄增微。杖策身难举，心行足不随。烦怨坐空室，悲叹泪沾衣。”P.4660《禅门苦老吟》亦云：“悲苦老来怨恨多……病容策杖无人侍，禅房空有小沙弥。”S.1339《少老问答诗》亦云：“少年问老曰：余因游赏往西东，陌上春游逢一翁。其翁皓首颜无色，策杖微微怨无力。”

敦煌壁画中有不少描绘老人拄杖的画面，如盛唐第217窟南壁《法华经变》“得医图”中，一侍女正引着一位头戴幞头、身穿长袍、右手拄拐杖的医生往屋内走去，后面跟抱药箱的随从。从医生走路的姿

图5 盛唐第217窟南壁 法华经变·得医图（局部）

图6 得医图 线描图

势来看，其手里的这根拐杖显然是为走路时支撑身体所用（图 5、图 6）。

盛唐第 148 窟西壁《涅槃经变》“停棺致哀图”中，棺右侧有三位老者弯腰拄杖做哀悼状（图 7）。五代第 61 窟北壁佛传屏风画的“火化图”中也有类似画面，但三位老人手中之杖多已漫漶（图 8）。图中老人手中的杖，作用就是为了支撑身体。

中唐第 158 窟南壁《涅槃经变》“迦叶奔丧图”中，迦叶左手拄一杖，匆忙赶路。杖直无拐，可以看出是一根细长的棍子；杖体为赭色，

图 8　五代第 61 窟北壁　佛传·火化图

图 7　盛唐第 148 窟西壁　涅槃经变 · 停棺致哀

图 9　中唐第 158 窟南壁　涅槃经变·迦叶奔丧

图 10　宋代第 454 窟北壁　梵网经变（局部）

这是一根造型简单、实用的拄杖（图 9）。

宋代第 454 窟北壁《梵网经变》中绘有一群扶老携幼的贫民，其中一老翁步履蹒跚，右手拄一拐杖；这显然也是一根支撑身体、协助行走的拄杖（图 10）。

在同一洞窟窟顶东披《弥勒经变》“老人入墓图”中，一儿童搀扶老人，老人右手拄着拐杖缓慢向坟墓走去，后有二人跟随。茔域下方亦有一老人右手拄杖，在家人的搀扶和陪同下向墓地走去。参考人体比例，这两根杖也均为走路时支撑身体的拄杖（图 11）。

敦煌藏经洞出土的P.4649 白描图为五代时期“新样文殊”和“文殊化老人”的草图，图中佛陀波利胸前怀抱一杖，文殊老人左手执一杖。这两根杖的杖首呈“弓”形，犹似一条引颈伸舌的蛇，杖身略有弯曲，形似自然的树枝（图 12）。

从以上情况可以了解到，在敦煌壁画中，拄杖都出现在老人手中，其功能和用途与文献记载基本吻合，主要是作为辅助老人行动的工具。

另外，1985 年 4 月，在瓜州县东千佛洞一座远离窟区的北岸小窟内发现了一根拐杖实物。拐杖为木质，杖首之拐似由树枝自然弯折而成，拐杖由上而下依次雕刻拄杖老寿星和八仙等。这既是一根可供走路时支撑身体的拄杖，也是一件可供赏玩的木雕艺术品（图 13）。

图 11　宋代第 454 窟窟顶东披弥勒经变·老人入墓

图 12　P.4649 白描图　五代新样文殊和文殊化老人

图 13　瓜州东千佛洞八仙拐杖

## 老年人权益的凭证：鸠杖

老年人的养老问题，自古以来都是社会关切的重要问题，涉及每一个家庭、每一个人的切身利益，涉及社会的稳定和国家的安全。为此，汉代朝廷曾颁布《王杖诏书令》，用法律形式保障、救济当时社会上的弱势群体，其中尤其偏重于老年人的利益。

鸠杖，即杖头雕刻有鸠形的拐杖。它是权杖和拄杖的结合体，既是某种身份和权力的象征，也是辅助老人行动的工具。

据《后汉书·礼仪志》记载："仲秋之月，县道皆案户比民。年始七十者，授之以王杖，铺之糜粥。八十九十，礼有加赐。王杖长［九］尺，端以鸠鸟为饰。鸠者，不噎之鸟也，欲老人不噎。"王杖，是朝廷授予七十岁以上老人的一种权利凭证，鸠鸟则是一种敬老尊老的象征；王杖的杖首是一圆雕鸠鸟形象，因此又叫鸠杖。

早在周代就有献鸠敬老的风俗，如《周礼·罗氏》中记载："罗氏掌罗乌鸟，蜡则作罗襦，中春罗春鸟，献鸠以养国老。"汉代颁行的赐杖之制，以法定形式将"养国老"的鸠鸟形象与杖相结合，明确定为尊老重孝的标志物。

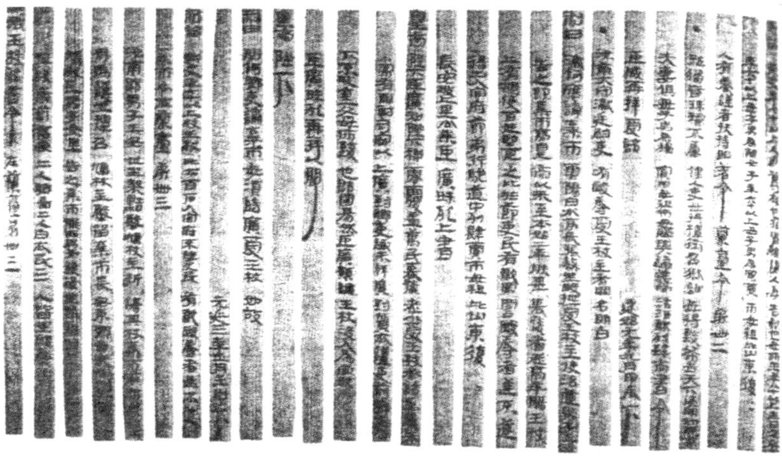

图 14　武威磨嘴子出土的《王杖诏书令》

关于汉代授予老年人王杖制度的详细情况，史书上的记载很简略，而此类文书，目前全国只有武威出土过，且文字和实物同时出现，记载内容非常丰富；其中以武威磨嘴子出土的《王杖诏书令》最为完整，最具价值。全文近600字，用27枚木简抄成（图14），具体内容涉及：

1. “年七十以上”的老人，如果不是主谋或亲手杀人、伤人，“毋告劾，它毋所告”，即一般不起诉、不判刑。这一条规定了如老年人犯罪，则给予法律优待。

2. “年六十以上”无子女的鳏、寡老人，如果经商，免除一切苛捐杂税。如社会上有愿意“养谨”孤寡老人的，对这些家庭要有扶持政策。

3.对孤独的“盲、珠孺（侏儒）”等残疾人，“吏毋得擅征召，狱讼毋得系”，即不得随便使役派用，也不能抓捕，在法律上给予保护。

4.对于“夫妻俱毋子男”的“独寡”家庭，种田、经商不收赋税，同时还允许经营特种行业，在市场卖“酒醪”。

5.同情关怀“耆老”，给高龄者“赐王杖”；在杖头饰鸠鸟，以方便百姓远远能“望见之”；鸠杖与朝廷使用的符节一样，是一种重要的凭证和地位的标志。持鸠杖的老者，可“出入官府节第，行驰道中”；经商不收税；有吏民“敢骂殴詈辱者”，按“大逆不道”之罪论处。

6.明确规定“年七十以上”的老人才能被授予“王杖”，持杖者的地位与“六百石”的官吏相同，“入官府不趋，吏民有敢殴辱者，逆不道，弃市”。

从以上诏令可以清楚看到，汉代的优抚对象主要针对当时社会上的弱势群体，特别偏重于老年人。从政策倾斜上，涉及政治地位、法律援助、经济支持、生活关怀、社会扶持等诸多方面；其中特别是法律援助和经济支持，杀人不判罪，起诉不逮捕，经商不纳税，官营的酒类专卖业也允许经营，在法律上对老年人给予宽容，在经济政策对老年人也给予优惠。由此看来，一根普普通通的鸠杖所代表的，实际上是一项扶穷济困、帮弱助残的社会公益福利事业；二十余枚木简上书写的《王杖诏书令》，可以说是一部完整的汉代“老年人权益保障法”。

甘肃武威等地还出土了不少鸠杖实物，如武威磨嘴子13号汉墓出土的木鸠杖一根、18号汉墓出土的木鸠杖两根、武威旱滩坡出土的木鸠杖一根等。其中1984年武威五坝山23号汉墓出土的一根木鸠杖最为完整，该杖为松木，长2.1米，制作精细，杖身光滑，杖端镶有一只雕鸠，形象逼真（图15）。另外，甘肃省博物馆还收藏有青铜鸠杖首

图 15 武威韩佐乡五坝山 23 号汉墓出土 鸠杖首

图 16 甘肃省博物馆藏汉代青铜鸠杖首

一件，上部立一鸠鸟，鸟尖喙圆眼，有羽翼，尾部上翘；下部为安装杖柄的方銎，方銎四面中间及四边侧均有凸棱，每面的底部都有一个用于加固杖柄的圆孔（图 16）。

甘肃武威出土的木简《王杖诏书令》和木、铜鸠杖是汉代社会保障制度的历史见证。

敦煌壁画中也绘有一些与鸠杖相关的壁画，但鸠鸟的造型有较大变化，所描绘的鸠鸟形象都不是很逼真。如盛唐第 130 窟的甬道北壁《晋昌郡太守礼佛图》中，太守后面的侍从（儿孙）中，一人高举一赭

图 17　盛唐第 130 窟甬道北壁　晋昌郡太守礼佛图

图 18　晚唐第 14 窟南壁千手千眼观音变　婆薮仙

黑色拐杖。杖首为“T”形，犹似雄鹰展翅，亦似飞翔的海鸥，似乎是鸠鸟的变形（图 17）。

晚唐第 14 窟主室南壁《千手千眼观音变》右下侧的婆薮仙为一老人形象，坐姿，右手持一拐杖。该杖首为“T”形，两侧略向下弯曲，形似海鸥，可能是鸠杖的一种变形（图 18）。

五代第 61 窟西壁《五台山图》中，文殊化现的老人右手握拐杖坐在石头上，做讲话状。杖首为“T”形，两侧上翘，颇像一只鸟的形状（图 19）。

西夏第 97 窟南壁上排西起第一铺的罗汉，双手持握一杖，杖首很像一只鸟；画有鸟，嘴微张，也画有鸟的尾巴，这是敦煌壁画中比较典型的鸠杖样式（图 20）。

在敦煌壁画中，象征身份和权力的权杖主要出现在有较高地位、身份的主人侍从手中；而兼有权杖和一般拄杖作用的鸠杖，主要出现

图 19 五代第 61 窟西壁 五台山图·文殊化老人

在有一定身份的罗汉、婆薮仙及文殊化现的老人手中。

从敦煌壁画中描绘的鸠杖头造型变化看，由具象变形为抽象，似可以感觉到汉代的社会保障制度在弱化、消失。

图 20 西夏第 97 窟南壁西侧 罗汉

## 孝养：老年人生活的主要保障

鸠杖在汉代是尊老敬老、养老护老的象征。然而，汉代的鸠杖制度到了三国、两晋以后，便弱化或消失了。作为老年人的生活保障，取而代之的是中国传统文化——孝养。

入乡随俗，择有利而行之。变则通，不变则休矣。佛教出于发展的需要，尽可能在佛教文化中融合了中国本土的理念，以适应中国上层统治者和普通民众的需要。

如北周时期，佛教石窟艺术中就出现了一个完全以“孝养”为主题、与中国本土传统伦理思想吻合的故事画，即著名的《睒子本生》。在敦煌石窟中，该题材在北周时期的莫高窟第 299、301、438、461 窟四个洞窟中同时出现，可见其受欢迎之程度（图 21）。

据佛经说，迦夷国有一对盲人夫妇，生一儿子取名睒子。睒子自幼便“至孝仁慈奉行十善”“奉事父母如人事天”。睒子成年后随父母进深山修道，结草庐而居，采野果汲流水以供饮食。睒子“以蒲草为父母作屋施置床褥，不寒不热恒得其宜”；父母饥饿时，便去摘“取百种果蓏”；父母口渴时，便身“着鹿皮衣提瓶行取水”。睒子还常常

图 21　北周第 299 窟窟顶北披　睒子本生（局部）

与“獐鹿众鸟”一起嬉戏歌唱，“以娱乐盲父母”。但有一天，迦夷国王进山狩猎，追赶鹿群至溪边，正遇睒子披着鹿皮衣在溪边汲水，国王拔箭射鹿，误中睒子。睒子大呼：“谁持一毒箭射杀三道人？”国王闻声，立即下马来到睒子面前。看见自己射的是人，又听睒子讲述了与父母在山中修行二十余年的经过，国王更是悔恨自责。睒子原谅了国王，说自己生命不足惜，只是死后留下衰老且双目失明的父母无人照顾，甚是放心不下。国王长跪向睒子悔过，并说如果睒子命终，自己便不再还国，一定留在山中供养睒子的父母。睒子听国王话之后，释然闭目。国王随即入山向睒子父母报告睒子被射之事，并引双亲到睒子处。睒子父母见睒子已死，伏尸恸哭，痛不欲生。由于睒子孝顺父母，感动天地，天神来到睒子跟前，以神药灌入睒子口中，顷刻之间，毒箭自拔，睒子复活。同时，其父母的眼前也呈现一片光明。睒子的至孝与国王的仁爱，感动了上天，让睒子重生，父母复明。自此以后，迦夷国人“悉奉五戒修行十善”，该地也风调雨顺，国富民安，昌盛太平。

不仅敦煌石窟北周时期绘有不少《睒子本生》故事画，新疆克孜

图 22 新疆克孜尔石窟第 17 窟券顶 睒子本生

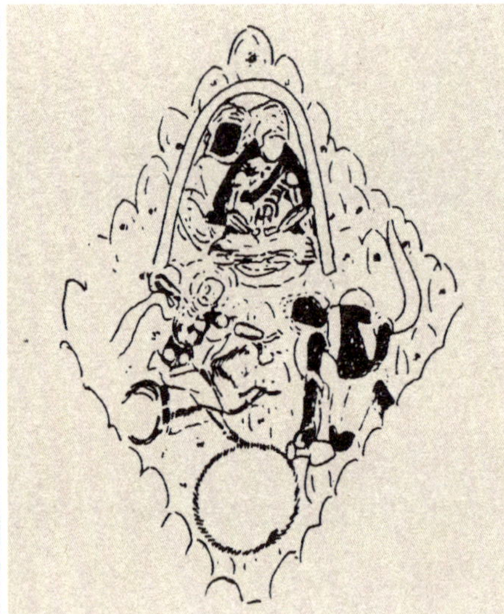

图 23 睒子本生 线描图

尔石窟、天水麦积山石窟、大同云冈石窟等地北朝时期也绘刻有不少《睒子本生》故事画。如新疆克孜尔石窟第 17 窟券顶的《睒子本生》，画面上部绘草庐中坐着两位老人，下部一人提着瓶子在河边取水，其旁一骑马者正在射箭（图 22、图 23）。

佛经中有关睒子的故事表现了三种思想：其一，孝道思想。睒子在深山中采果汲水，孝养盲父盲母二十余年。其二，忠君思想。国王狩猎误中睒子，但睒子在临终前，并不怨恨国王，只希望国王关照供养自己的父母。其三，仁爱思想。国王误射睒子，自责其罪，亲自到盲父母草庐前，忏悔谢罪，并遵照睒子遗愿，为二位老人养老送终。

《睒子本生》之所以在这一时期大量出现，是佛教为了调和与本土统治者的关系，争取广大民众的支持，就从佛经中选择含有忠君孝道内容的故事，绘制、镌刻在佛教石窟中，大力宣扬，借此证明佛教也主张忠君孝道。

北周第296窟北壁的《须阇提本生》，也是一幅宣传“孝养”思想的故事画（图24）。据佛经说，特叉尸利国王提婆有十个儿子，各领辖一小国。有一大臣罗睺突然谋反，杀死国王，自立为王，并派兵消灭各小国的王国。国王最小的儿子名叫善住，在最边远的小国为王。一日夜里，药叉神突然出现，告诉他老国王及其他九位哥哥的死讯，以及罗睺已发兵前来的消息。善住国王闻讯后惊恐万状，匆忙准备了七日干粮，携带妻儿趁夜仓皇逾城，欲逃往邻国，借兵平乱。慌乱中误入歧路，中途粮尽，陷入绝境。善住为了复国报仇，欲杀王妃充饥，以保全自己和太子须阇提的生命。太子见父王拔剑，便哀求父王：“勿杀我母，愿以己肉，供大家充饥。”于是，须阇提每日在身上割肉三块，奉献父母两份，自己食一份他们得以继续往邻国逃亡。后来，邻国听说太子割肉奉亲的善举，孝慈忠义，十分感动，便派兵马护送善住国王及妻儿返国，诛灭反叛。臣民拥戴须阇提太子为王。

图24 北周第296窟北壁 须阇提本生（局部）

文殊山石窟前山万佛洞中也绘制有须阇提“割肉奉亲”的

故事。画面中绘父亲身穿红色交领宽袖长袍，一手托腮，似乎在思索；母亲身穿红色交领宽袖长袍，下着裙，似正忧心地看着儿子；须阇提身穿素衣，袖子撸到肘上，右手持小刀做割肉状，头部左转，眼看着父亲（图25）。

莫高窟晚唐第85窟南壁《报恩经变》中有一个婆罗门儿子背着母亲沿街乞食的画面。据《大方便佛报恩经》“序品”中记述：阿难清晨进入王舍城托钵求食，在途中看见一婆罗门男子背负其母沿街乞食，将乞讨得来的美食供养母亲，而乞讨得来的坏食则自己食用。这时，另外一个婆罗门外道看见了阿难，便借机当面奚落阿难，诬说佛陀是不知恩养、不懂孝道的恶人。阿难返回将此事告知佛陀，于是佛陀对众弟子讲说《报恩经》。画面中，阿难身穿红色袈裟，左手持钵，右手持锡杖；一婆罗门外道赤裸上身，左肩斜披一长布条，穿短裤，右手握举一杖，左手指指点点，正在奚落阿难。此人身后一婆罗门赤裸上身，下身穿短裤，背负一头梳高髻、身穿宽袖长裙的妇人（图26）。虽然这个画面表现的是外道污蔑佛陀的内容，但同时塑造了一个儿子孝养母亲的生动形象。

须阇提“割肉奉亲”的故事，与我国古代宣传的“割股疗亲”等故事类似，而“睒子本生”则与“二十四孝”中“鹿乳奉亲”的情节几乎相同。

从敦煌石窟中的“睒子本生”和须阇提“割肉奉亲”故事画中，既可以看到“孝养”是当时老人养老的主要保障，也可以看到佛教东传过程中与中国本土传统伦理思想的有机结合。

图 25　文殊山石窟前山万佛洞　须阇提割肉奉亲

图 26　晚唐第 85 窟南壁　报恩经变·序品

## 老年丧子，悲痛欲绝

在“睒子本生”故事中，迦夷国王误射杀睒子，而睒子的父母既双目失明，又是年迈的老年人，儿子突然去世，父母悲痛万分，伏尸恸哭。虽然最后的结局是天神让睒子重生，盲人父母重现光明，但此情此景仍然催人泪下。

虽然生老病死是自然规律，但老年丧子令人倍感伤心。莫高窟北魏第254窟南壁《萨埵舍身饲虎》中就描绘了这样一幅父母因痛失爱子而悲痛欲绝的画面。

据佛经记载，有一天，印度有一个小国的三位太子出游山林，见一母虎带数只幼虎，饥渴交迫，行将死去，三太子萨埵便想以自己的身体喂饿虎。他先让二位兄长返回，自己则横卧虎前，但饿虎无力啖食；萨埵又爬上山冈，以竹刺喉出血，投崖饲虎，饿虎舔血后啖食其肉。二位王子久等不见弟弟回来，急忙返回山中寻找，走进山谷，眼前是斑斑血迹和支离破碎的残骸。他们认出是弟弟的尸骨，二位王子悲痛不已，赶忙策马回宫去报告。国王和王后获知噩耗后，悲痛欲绝，昏倒在地。清醒后，王后和国王强忍哀痛，离宫赶至山林，抱尸痛哭，哀号闷绝。二位王子百般劝慰，将萨埵的遗骨带回宫去。国王和王后专门命人修建了一座塔，将萨埵的遗骨安放在塔中，焚香供养。

北魏第254窟南壁《国王和王后哭尸》的画面中，国王伏在地上，抱着萨埵的双腿，眼望着死去的儿子；王后跪伏着，双手紧紧地抱着萨埵的头部，将自己的脸紧贴在儿子的脸上，双眼充满哀伤和绝望。国王与王后都是白发苍苍，特别是王后的满头白发，非常醒目刺眼。画家在这里似乎在刻意强调母子情深，以及母亲丧失爱子后悲痛欲绝的心情，让人深深地感受到母亲对儿子那种刻骨铭心的爱（图27）。

佛经中也记载了佛陀母亲听说儿子涅槃时悲痛欲绝的情景。据说，摩耶夫人在天上听说佛陀涅槃，立刻“闷绝躄地，诸天女等以冷水洒面，良久乃苏”，乘云来到娑罗林中，“遥见佛棺，即大闷绝不能自胜，诸天女等以水洒面，然后方苏醒”。直到“世尊以大神力故，令诸棺盖皆自开发，便从棺中合掌而起”，母子相见，世尊“以梵软音问讯母言，远屈来下此阎浮提，诸行法尔愿勿啼泣”，摩耶夫人才“小自安慰……垂泪呜咽强自抑忍”。

图27　北魏第254窟南壁　国王与王后哭尸（局部）

莫高窟隋代第280窟、295窟、420窟都绘有佛母摩耶夫人从忉利

图 28 隋代第 295 窟 人字披涅槃经·坐在佛陀头侧的佛母

天乘云来到佛陀涅槃处致哀悼念的画面。第 295 窟画面中的佛母虽然因佛陀涅槃而悲伤，却并不像一般的弟子般悲号恸绝，不能自持。佛母微微前倾的身体反映出她是在强忍自己的悲痛之情（图 28）。虽然佛母早已去世，佛陀涅槃时年岁已高，但佛经和壁画中的有关描述则是按照世间老年丧子的情形来刻画的。

五代第 72 窟西壁龛内屏风画中，根据《贤愚经》绘有一位母亲因儿子犯偷盗罪被判死刑而向佛求情的画面（图 29）。

据佛经记载，佛住在舍卫国祇树给孤独园时，一次到了乞食的时间，世尊穿着袈裟，手持饭钵，领着阿难进城化缘。当时一位老母亲的两个儿子偷盗成性，结果被失主抓获，送到官府判了死刑。在出城赴刑场的路上，正好碰见佛陀，这位母亲赶紧向佛陀求救，望世尊怜悯自己，救救两个儿子的性命。同时领着两个儿子跪在地上，向佛陀不断叩头哀求。佛陀被这位母亲的母爱感动，便派阿难去向国王求情。国王遵从佛陀的意愿，释放了他们。后来这母子三人一心信佛修行，终成正果。

第72窟的画面中，释迦牟尼在城外一手持锡杖，一手托钵，做行乞状，身旁有两个弟子跟随。有两名公差正押解着一位妇女和一个带枷的男子出城行刑。城内阿难奉佛旨，请求国王赦免两名盗贼之罪。画面所绘与佛经内容略有差异，仅绘出母亲的一个儿子，并描绘母亲也一同被押解。

虽然这个故事并没有直接反映老年丧子的情景，但如果那两个儿子因偷盗被判刑而死，那活在世上的老母亲必然就是老年丧子，老人也必然会因此而悲痛万分。

图29　五代第72窟西壁龛内　贤愚经·母亲向佛求情

图 30　北魏第 254 窟南壁　降魔变

## 形变色衰，逝者如斯夫

人老了，最明显的特征便是“形变色衰”“头白齿落，皮缓面皱”。形象的改变，对人的心情影响很大。如果是负面的改变，甚至可能摧毁人的自信心、自尊心。

北魏第 254 窟南壁东侧的《降魔变》是佛传故事中的一个重要情节，讲述释迦牟尼在即将得道成佛之时，魔王波旬十分惊慌害怕，担心释迦牟尼成佛后，会阻止自己行事，于是率领魔军前往释迦修行处骚扰，企图阻挠释迦成佛。先以美女诱惑，后又以武力威胁，均失败。最后，释迦以神通力使美女变成了丑妇人，魔军亦被降服（图 30）。

画面正中的释迦牟尼结跏趺坐，左手执衣裙，右手作指地印，神态泰然，镇定自若。佛陀右侧下部画魔王的三个女儿，着龟兹装，戴宝冠，披大巾，身着半袖外套背子，腰束长裙，正搔首弄姿，千娇百媚，顾盼有情，企图以女性魅力诱惑释迦。佛陀左侧下面则画三个皱纹满面、头面干瘪、白发覆顶的老太婆，表现出释迦对美色毫不动心，将三美女变成了沮丧的三丑妇（图 31、图 32）。

这里，美貌与年轻结合在一起，丑容则与老态结合在一起，正如人们常说的“年轻貌美”“年老色衰”。年轻，意味着朝气蓬勃、青春健康；年老，意味着体弱多病、枯萎衰败。搔首弄姿、千娇百媚的形态虽然有贬义，但也显示了一种青春活力，而沮丧、哀叹则表达了一种“无可奈何花落去”的悲观心态。

又如榆林窟西夏第 3 窟东壁中央绘制的佛传故事《降魔变》，其中被释迦以神通力变成老丑妇人的魔女形象颇为特别，是一个正在照

图 31　北魏第 254 窟南壁
降魔变中的三美女

图 32　北魏第 254 窟南壁
降魔变中的三丑妇

镜的魔女（图33）。

画面中，变成老妪的魔女，老态龙钟，敞胸露怀，双乳下垂，满面皱纹，头发稀落，面容狰狞丑陋。正在手持铜镜照看的魔女，看到镜中自己的形象，捶胸哀号，悲叹容颜已衰，青春一去不复还。

又如石窟雕塑艺术中的迦叶像，脸上刻满皱纹，咧嘴时露出稀松的牙齿，鼻翼两侧肌肉松弛，两眼深陷，目光衰退，真实地刻画了一个饱经风霜、终身苦修的苍老迦叶形象（图34）。

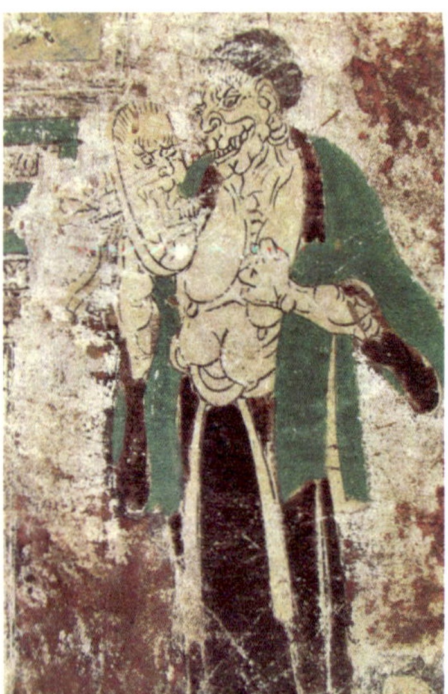

图33　榆林窟西夏第3窟东壁　降魔变中照镜的魔女

图34　隋代第419窟西龛　迦叶像

## 抄经念佛，心得安慰

人老了，更希望精神有所寄托。在古代敦煌，抄经念佛也是老人精神寄托的一种方式。

古代敦煌人很注重抄写佛经，如北魏时期在敦煌担任瓜州刺史的东阳王元荣，除了开窟造像之外，同时热心于抄写佛经。敦煌藏经洞出土的许多佛经文书后面有元荣的抄经题记。据敦煌文献记载，元荣抄写了《佛说仁王般若波罗蜜经》三百部，《无量寿经》《涅槃经》《法华经》《大云经》《贤愚经》《药师经》《维摩经》《金光明经》《观佛三昧经》各一百部，以及《摩诃衍经》《大智度论》等各种佛教经论。

敦煌藏经洞出土文献中有唐代一位老人在一年之内数次刺血写经的记载，如S.5451《金刚般若波罗蜜经》尾题："天祐三年（906年）丙寅二月二日八十三（岁）老人手自刺血写之。"（图35）S.5669《金刚般若波罗蜜经》尾题："天祐三年（906年）丙寅二

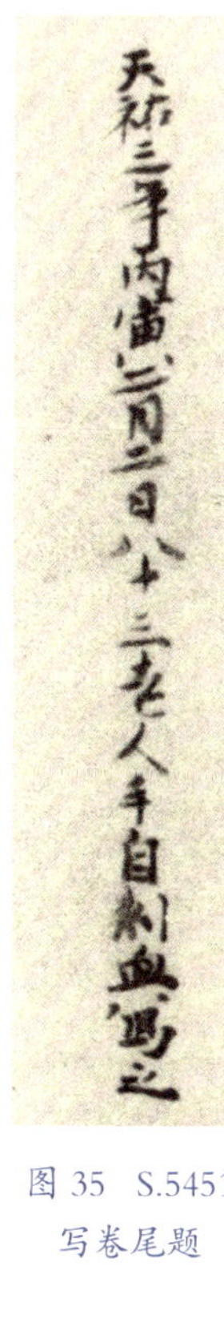

图35 S.5451写卷尾题

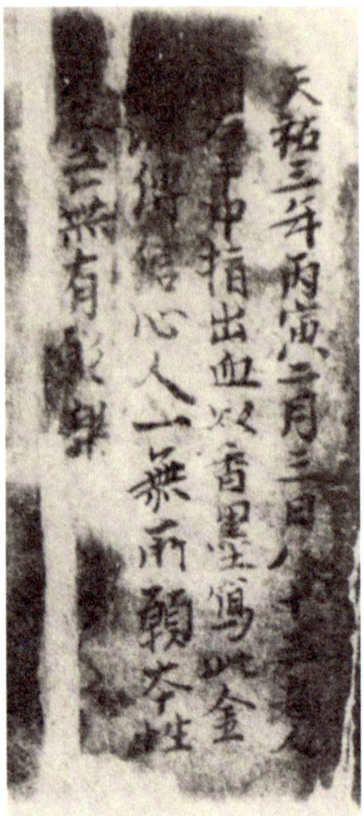

图 36 S.5669 写卷尾题

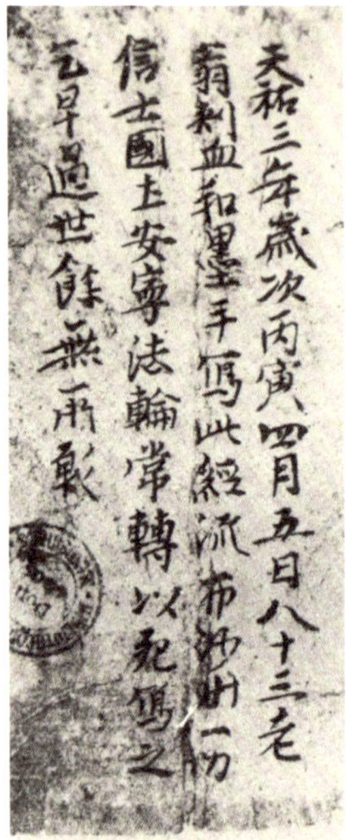


图 37 P.2876 写卷尾题

月三日八十三（岁）老人□左中指出血以香墨写此金经，流传信心人，一无所愿，本性□空无有愿乐。”（图 36）P.2876《金刚般若波罗蜜经》尾题：“天祐三年（906 年）丙寅四月五日八十三（岁）老翁刺血和墨手写此经，流传沙州一切信士，国土安宁，法轮常转。以死写之，乞早过世，余无所愿。”（图 37）

敦煌壁画中描绘有抄写佛经的画面，如榆林窟中唐第 25 窟北壁《弥勒经变》中，绘绿茵树下，一头戴幞头、身穿圆领襕衫的信士坐在案几后，正在用一支黑色毛笔抄写佛经；案几前面有一缕云烟缓缓上升；另绘一人坐在云端，表示此人通过抄写佛经得以升天（图 38）。

图 38　榆林窟中唐第 25 窟北壁　弥勒经变・抄写佛经

图 39 初唐第 321 窟南壁
宝雨经变·看经读经图

图 40 榆林窟中唐第 25 窟北壁
聆听诵经

敦煌壁画中也不会看经读经的描绘，如初唐第 321 窟南壁《宝雨经变》描绘两名居士正在家中学习佛法；左侧一人头戴风帽，左手持经书，右手边指点，正在专心致志地观看；右侧一人头戴幞头，双手捧经书正在读诵（图 39）。

榆林窟中唐第 25 窟北壁《弥勒经变》中有一幅聆听诵经图，山林中一僧人双手展开经卷正在诵读，床前有一戴幞头、身穿圆领襕衫的俗人，跪地合掌做聆听状（图 40）。

抄写、念诵及聆听佛经都是佛教的修行方式，抄写佛经可以自己抄写，也可以请别人代为抄写。敦煌有专业的写经生、写经法师，寺院设有经坊。念诵佛经也称为“看经”“念经”，为赞叹佛德而读，称为

“诵经”“讽经”；为祈愿而读，称为“转读”。

经常抄写念诵佛经有助于人们消除杂念，进而做到心平气和、淡泊名利。就老人而言，常常抄写和念诵佛经，可以在心理上有所慰藉，缓解焦虑的心情；也有利于调节呼吸气息，调理人体五脏六腑的阴阳平衡。如弘一法师所说，抄写佛经令人“心得安慰，日无险事，夜无噩梦，颜色光泽，身力充盛，所做吉利”，亦即《心经》中所说“心无挂碍，无挂碍故，无有恐怖，远离颠倒梦想”。

## 养心益智的弈棋活动

在我国，下棋是一项很多人都喜欢的活动，更有善弈者长寿的说法。下棋有很多好处，能够帮助人们陶冶情操。尤其对于老年人而言，是很好的健脑益智活动。

老年人保持心情舒畅非常重要，下棋的过程中需要全神贯注地思考，会不知不觉地忘掉烦恼和忧愁，同时能修养品格、增添生活的乐趣。

下棋主要以脑力为主，可以不断刺激大脑，使人思维活跃，从而延缓大脑衰老，预防老年痴呆等。

敦煌壁画中有不少反映当时人们进行棋类活动的画面，从中可以看到，活动的参与者主要是中老年人。

如榆林窟五代第 32 窟北壁《维摩诘经变》中有一幅对弈图，画面中绘一矮桌，上布棋盘，矮桌两侧各坐一老者，一人正举手走棋，另一人则凝神观局；棋盘后方绘维摩诘居士在旁观看（图 41）。又如莫高窟宋代第 454 窟东壁《维摩诘经变》中，也绘“一盘好棋”：两人以右手正欲布子，显示双方正在激烈鏖战，画面右侧绘维摩居士旁观（图

图 41 榆林窟五代第 32 窟北壁 维摩诘经变·弈棋

42)。该窟中心佛坛上的清代屏风画内也有一幅对弈围棋图，画面中绘一长桌，两侧各有一老者做对弈状，另有一老者伏在桌旁观看，形象颇为生动（图 43）。

下棋能排忧解闷，如白居易《孟夏思渭村旧居寄舍弟》中说：“兴发饮数杯，闷来棋一局。”杜甫《江村》诗曰：“老妻画纸为棋局，稚子敲针作钓钩。”弈棋者不仅能从中获得快感，还有利于促进家庭和睦。

围棋是一种竞赛性和趣味性很强的娱乐活动，对于锻炼人的智力和毅力很有帮助，正如P.2718《王梵志诗一卷》中所说：“双陆智人戏，围棋出专能。解时终不恶，久后与仙通。”

《王梵志诗一卷》中所说的“双陆智人戏”，藏经洞出土文献中也

图 42 宋代第 454 窟东壁
维摩诘经变 · 弈棋

图 43 第 454 窟清代佛坛上
绘屏风画 弈棋

有关于双陆游戏的描写。如P.2999《太子成道经》记载："是时净饭大王，为宫中无太子，优（忧）闷寻常不乐，或于一日，作一梦，[梦见]双陆频输者，明日，[即]问大臣是何意旨。大臣答曰：'陛下梦见双陆频输者，为宫中无太子，所以频输。'"

虽然敦煌壁画中尚未发现有关双陆博戏活动的图像，但 1980 年甘肃省武威市南营乡青嘴湾弘化公主墓出土了 21 枚唐代双陆棋子，这些棋子均为象牙材质，底径 1.6 厘米，高 1.7 厘米，重约 80 克；形状为半球体，底部圆平，顶部另嵌圆球形短柄，状如截柿；表面浅雕各色花朵、飞鸟、蝴蝶等图案，部分棋面涂红彩（图 44）。1973 年，新疆吐鲁番阿斯塔那唐墓中出土了一件双陆棋盘：长方形的棋盘上用螺钿镶成花眼来表示棋格，左右各有六个；棋盘长边的中央有月牙形的门，棋盘正中央则隔出一块区域，装饰有花枝、飞鸟等图案（图 45）。由此

图 44　武威市南营乡青嘴湾弘化公主墓出土　唐代象牙双陆棋子

推测，唐宋时期敦煌地区已开始流行双陆游戏是完全有可能的。

另外，敦煌地区曾经还流行一种樗蒲游戏。如敦煌文献S.610《启颜录》中记载："可不闻樗蒲人云：'三个秃不敌一个卢。'"樗蒲游戏也可能有益于智力培养，如后汉昙果、康孟详合译《中本起经》云："有婆罗门……走出祇洹，见二人樗蒲，心自念言：'此必智者，能解我疑。'"

凡事有利就可能有弊，虽然围棋、双陆、樗蒲等娱乐活动对于培养智力有一定好处，但沉溺于此，则可能有害身心健康。如三国吴支谦译《菩萨本缘经》云："世间恶子多诸过患，饮酒樗蒲贪色费用。"又如P.3266《王梵志诗残卷》诗云："饮酒妨生计，樗蒲必破家。但看此等色，不久作穷查。"谈及樗蒲与赌博的关系，敦煌文献S.102《梵网经佛说菩萨心地戒品》中云："善佛子……不得樗蒲、围棋、波罗塞戏、

图 45　新疆阿斯塔那唐墓中的双陆棋盘

弹棋、六博、拍鞠、掷石、投壶。”

简言之，围棋、双陆等棋类活动能磨炼人的心智，也能排忧解闷；但如果过度沉溺于此，则对身心健康有害。

# 病

敦煌·人间四味

复叹老将至，悲病忽假身。力羸魂悄悄，气弱识沉沉。幽卧无人问，梵居羡鸟音。神游形不及，伏枕日衰吟。始悔平生罪，悬愁业镜临。信知秤善恶，何不早归心。

四肢沉重染缠痾，日夜尫羸苦渐多。百味目前俱不入，业合如斯知奈何。

——敦煌文献S.6631编号为S.6631V《病患相第五》、P.3892《病苦想》

## 太子出游遇病人

据佛经说，悉达多太子出东门遇见老人后，感叹人生无常，回到宫中后，愁思不乐，但此时太子尚未下决心出家。净饭王获悉太子出游逢见老人，忧愁不乐，便让人挑选了许多聪明智慧、颜容端正、善于歌舞的美女去陪伴太子。太子不但不感兴趣，反而更加心烦不安，便向父王提出要出城游观散心。

净饭王喜爱太子，不忍违背太子的心愿，遂复许之。大王下令："太子前次从东门出游，这次应该让太子从南门出城。"同时命令把太子将要经过的道路打扫干净，悬缯幡盖，散花烧香。

随后，太子在百官和侍从的导引下，从南门出城。这时净居天神又变化为一个病人躺在路边。此病人身瘦腹大，喘息呻吟，骨销肉竭，颜貌萎黄，全身战栗，瑟瑟发抖，不能自持，其身旁有两人搀扶着。

太子即问："此为何人？"侍从答道："此病人也。"太子又问："何谓病人？"答曰："所谓病人，皆由嗜欲引起，饮食无度，四大不调，转变成病。百节苦痛，气力虚微，饮食寡少，坐卧不安，虽有身手，不能自立，要借他人之力，才能坐立。"

太子走到病人跟前，以慈悲心仔细观看那人，不由心生忧愁。又问侍从："是否只有此人才生病，还是人人都会生病呢？"侍从回答："世间的一切人，不分贵贱，都会生病。"

太子听说后，心中自念："如此病苦，无人可免。为何世上众人耽乐不畏？"想到此处，心生恐怖，身心颤动，犹如月影在水波中飘荡。

此时，太子对随从百官说："像如此病者之身，是各种痛苦的聚集。世人在此横生欢乐，愚痴无知，不知觉悟。我今天哪里还有什么心情去游玩，立即回宫吧！"

悉达多太子回到宫中，静坐思维，愁闷不乐。

净饭王询问侍从："今天太子出城游园，快乐不快乐？"侍从回答："太子刚出南门，就遇见一个病人，因此不乐，便让回车还宫。"

净饭王听了侍从所言，心中忧愁，担心太子苦闷不乐，出家学道。于是又派了许多能歌善舞的美女来陪伴太子，想使太子迷恋五欲放弃离家的念头。

当时，迦毗罗卫国有一位婆罗门子，名优陀夷，聪明智慧，极有才辩。净饭王就把优陀夷请到王宫，说："太子现在不愿意享受人间五欲的快乐，恐怕不久将会出家。你可以和太子交朋友，以人间五欲的快乐劝说他，让太子动心。"

优陀夷对净饭王说："国王，太子聪明无比，没有人可与他相提并论。太子所通晓的圣书理论，十分渊博，并且都是我从来没有听说过的，怎么能让我去劝导太子呢？这好比用藕丝去悬挂须弥山一样呀！以我的智力，终不能劝导太子动心的。国王授令我做太子的朋友，我只好遵命，尽我的能力去做好了。"

于是，优陀夷遵照净饭王的命令进入王宫，陪同太子，行住坐卧不离身旁。此时净饭王又挑选了一些聪明伶俐、容貌端正、善于歌舞的人前来服侍太子。

莫高窟北周第 290 窟和藏经洞出土绢画中绘有太子出南城门遇见病人的画面（图 1、图 2）。

图 1　藏经洞出土绢画 太子出南门遇见病人

图 2　北周第 290 窟人字披西披　佛传·太子出南门遇见病人

## 小儿患病母焦急

莫高窟盛唐第217窟南壁有一幅《得医图》(图3、图4)，系根据《妙法莲华经·药王菩萨本事品》中“如病得医”四个字描绘。

画面中绘一深宅大院，假山别致，绿树成荫，垂柳飘拂。一位雍容华贵的妇女坐在铺有茵褥的胡床上，跟前有一中年侍女，怀抱婴儿，主仆均注视此孩子；另一年轻侍女正引导着一手拄拐杖、颇有儒医风度的医生来到台阶前，身后跟着一个双手抱药箱的医童。

图3 盛唐第217窟南壁
法华经变·得医图

整个画面的气氛显得沉闷、紧张。襁褓中的婴儿看上去目光晦暗、精神不振，表明病重危急；抱患儿的中年侍女，愁锁双眉，痴痴地望着患儿，显示其内心的忧虑；坐在胡床上的贵妇，焦急万分，如坐针毡；因为请来了医生，院内正引导医生的年轻侍女，似乎又满怀着希望；而那位老医生，他正快步走入院落，顾不得观赏奇石垂柳；怀抱药箱的医童，紧跟着老医生，随时准备听从医生召唤，进行救治。

图4 盛唐第217窟南壁得医图 欧阳琳临

自古以来，婴幼儿患病是父母最担忧的事。即使在医学发达的现代社会，在婴幼儿的成长过程中，由于孩子幼小体弱、抵抗能力差，加上婴儿不会用语言准确表达，一旦孩子患病，常常让父母或（外）祖父母们焦急万分。古代社会的医疗条件差，孩子患病，治愈的困难自然倍增。

不过，从敦煌壁画中可以看到，当时敦煌对婴幼儿患病的问题还是相当重视的。经济条件较好的家庭，父母会及时请医生来家里出诊。

另外，据敦煌文献记载，敦煌在盛唐天宝年间已设有病坊，相当于现代的医院或诊所，配有专业的医护人员；同时也有不少药店出售各类药物。藏经洞出土文献中就保存不少唐五代时期、儿科的医方——

如P.3731写卷记载："牛黄双丸，主孩儿百病，心腹积聚闷癖，寒热来去，渐消瘦无辜头干，毛竖，顶后生历子，疳湿久痢，皆主之方。

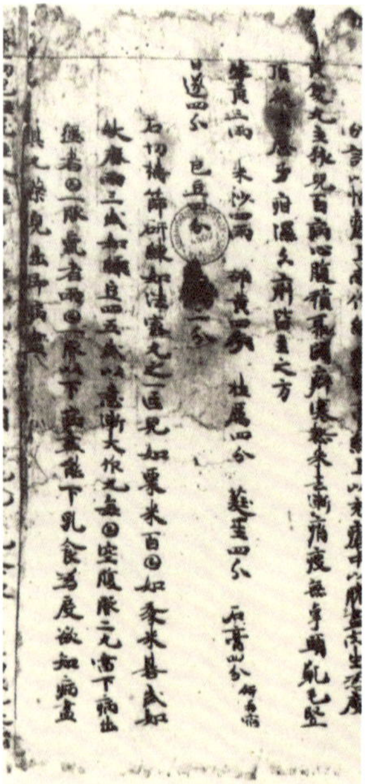

图 5 P.3731 医方（局部）

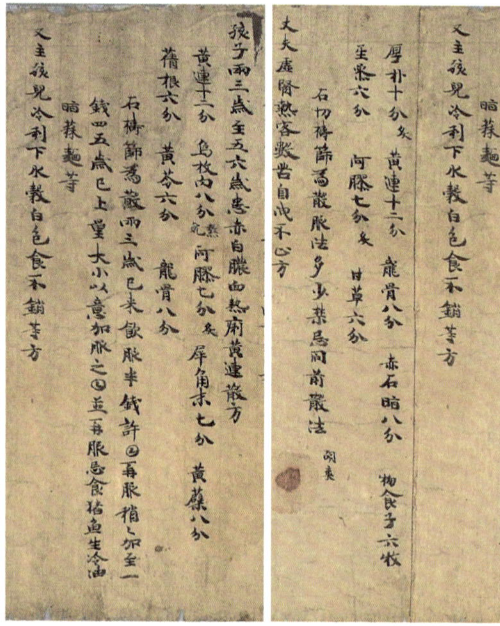

孩子兩三歲至五六歲患赤白膿血熱痢黄連散方
黄連十二分 烏梅肉八分熬 阿膠七分炙 犀角末七分 黄蘗八分
薔根六分 黄芩六分 龍骨八分
右擣篩爲散兩三歲已來飲服半錢許日再服稍稍加至一
錢四五歲已上量大小以意加服之日五再服忌食豬魚生冷油
暗蒜麯等
又主孩兒冷利下水穀白色食不銷等方

图 6-7 P.2565 医方（局部）

牛黄（三两），朱砂（四两），雄黄（四分），牡蛎（四分），蕤仁（四分）。石膏（四分，研再宿），甘遂（四分），巴豆（四分），□□（二分），右切，捣筛，研练如法，蜜丸之。一月儿如粟米，百日如黍米，碁岁如大麻，两三岁如绿豆，四五岁以意渐大作丸，每日空腹服二丸，当下病出，强者日一服，羸者两日一服，以下病尽，能下乳食为度。欲知病尽，其丸药完出即病尽。”（图 5）

又如P.2565 写卷记载：“孩子两三岁至五六岁，患赤白脓血热痢，黄连散方。黄连（十二分），乌枚肉（八分，熬干），阿胶（七分，炙），犀角末（七分），黄蘗（八分），蒨根（六分），黄芩（六分），龙骨（八分），右捣筛为散，两三岁以来，饮服半钱许，日再服，稍稍加至一钱。四五岁以上，量大小以意加服之，日并再服。忌食猪、鱼、生冷、油脂、蒜、面等。”“又主孩儿冷痢，下水谷白色，食不消等方。厚朴（十分，炙），黄连（十二分），龙骨（八分），赤石脂（八分），物食子（六枚），人参（六分），阿胶（七分，炙），甘草（六分），右切，捣筛为散，服法多少、禁忌同前散法（胡爽）。”（图 6、图 7）

又如P.3596 写卷记载：“小儿霍乱吐乳不止方。煎人参汤服，立差。又方，含米干□煮取汁，量多少服。”又载：“小儿利方。取烧羊骨末，饮服。又方，黄连（二两），水（二升），煎取二合，去滓，内犀角末（四分），煎取一合，内麝香（一分）。旦、中、暮三时各服半鸡子许，大验。”

## 生癞疮而死的忘恩负义者

莫高窟北魏第257窟《鹿王本生》(图8)描绘了一个忘恩负义的溺水者告密、出卖九色鹿的故事。被九色鹿救起的溺水者，见利忘义，违背誓言，向国王告密后，其“溺人面上即生癞疮”。最后，溺水者的恶疮长满全身，溃烂流脓，臭气冲天，痛苦而死。

身上长疮，在现代属于很容易治愈的一种皮肤病，但是在古代，由于卫生医疗条件相对落后，当时的人们患皮肤病不容易治愈。特别是脸部神经很多，面部长疮如果处理不妥，非常容易感染，有时候确

图 8　北魏第 257 窟西壁　鹿王本生

实有生命危险。佛经中说溺水者面部生癞疮，可见当时的人对此病已有比较深入的了解。

如《中阿含经》卷第三十八云："若病癞人身体烂熟，为虫所食，爪擿疮丼，临火坑炙，如是更生疮转增多，本疮转大。"言及此病发展的严重性。

又如《佛说菩萨投身饴饿虎起塔因缘经》中说："有人癞病及癫狂聋盲手脚躃跛，及种种疾病，悉来就此塔，烧香燃灯香泥涂地修治扫洒，并叩头忏悔百病皆愈。"癞疮病被排在"癫狂聋盲手脚躃跛"等病的前面。

据《佛说菩萨投身饴饿虎起塔因缘经》记载："国王本有癞病，医方咒术不能令差，王便怒曰：'用医何为？夫人百病皆有对治之药，而我此病何独不蒙？'" 国王的癞疮，不管用什么都治不好，为此国王竟要将众医士处以死刑。当时有一位医士向国王叩头，并说："今王此病，对治之药世间难有。" 同时该医士告知世上只有一种非常稀有的药，名叫"牛头旃檀"，可以治愈国王的癞疮。国王为获得此药，愿意用一半的国土来换取此药；"即教宣令天下，谁有此药，当分半国从其市之"。最后有一位婆罗门派人将珍贵的"牛头旃檀奉上国王"，"王得之，已磨，用涂身，癞病即愈。王大欢喜，举国臣民各蒙庆赖"。从这段佛经记载可知癞疮病在当时确实是一种很难治愈的皮肤病。

古代敦煌也非常注重皮肤病的治疗，在藏经洞出土文献中就有不少唐宋时期治疗皮肤病的药方。如P.3596写卷记载："洗百疮方。取槐白皮、柏叶各大握，剉，以水三升，煮取一升，洗百疮并可，甚良。……疗猪啄疮方。初生似节后宅痂，疼痛不可忍，名为猪啄疮，取猪鼻烧作灰，敷之，差。疗天烧疮方。取新出牛尿涂之，差。"（图 9）

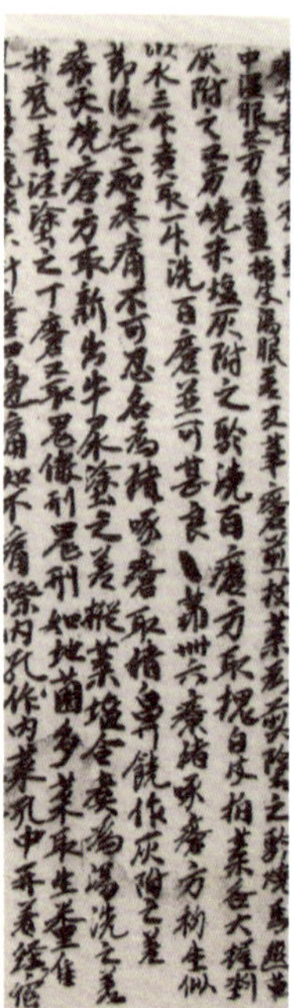

图 9　P.3596 写卷（局部）

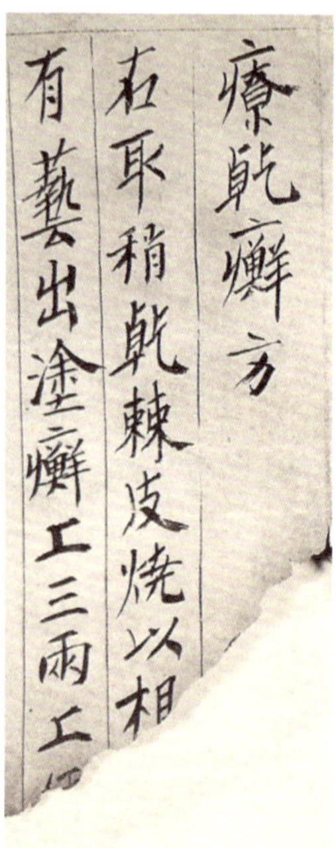

图 10　S.5435 写卷（局部）

治疗癣症的，如S.5435写卷记载："疗干癣方。右取稍干棘皮，烧以相□□□有艺出，涂癣上三两□□□。”（图 10）“疗湿癣方。□一两，熟□，□面糊丸，如常□服卅丸，空腹米饮下，立效。”

治疗脚气的，如S.5435 写卷记载：“疗脚气方。右取槐叶置铁火炉，□□着火候极热，以醋一茶碗匀浇，人踏槐叶候冷，更浇醋□□使一料十数度方效。”

治疗风疹的，如S.5435 写卷记载：“疗风疹，渐浑身痒□□者恶心吐户方。右以黄栌枝半斤，槌碎□□□，矾末（一两）淋洗遍身讫，披□□罗羌活取末（一匙半两）□□卧良久便差（如无黄栌，只取苦参根洗浴）。”

在九色鹿故事画中，贪婪自私的王后想用九色鹿的皮毛做裘衣（图 11），最后因其私欲未达到，又羞又恼，“恚盛心碎”，即恚愤而死。

图 11　北魏第 257 窟西壁　鹿王本生·王后要求国王寻捕九色鹿

也就是说，王后是被气死的，即因为愤怒生气导致脑供血不足或脑出血而死。

藏经洞出土文献中也有唐宋时期治疗中风类疾病的药方，如P.3378写卷记载：“疗人一切百种风病。秦胶（一两），牛乳（二升），煎取一升，下诃黎勒，服之差。”（图12）又如S.3347写卷记载：“一切偏风，半身不遂，手不上头方。羌活（三两），升麻（三两），桂心（三两，切），以水四升，煮取一升半，顿服令尽。平旦空服，少间……服四五剂……即将息三两日稍可。即更服……煮韭，于脯肉，酱等并得。手不上头，半身不遂，不……甜食，生冷等。”

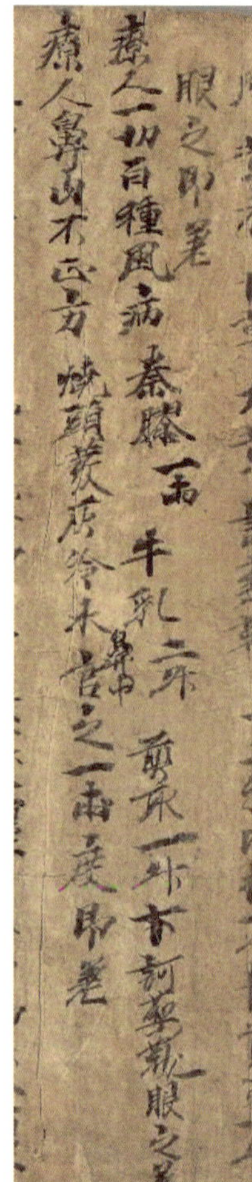

图12 P.3378写卷（局部）

# 香药洗浴防病治病

洗浴与健康的关系，佛教早就有非常深刻的认识，并有佛经专门论述。

如后汉安世高译《佛说温室洗浴众僧经》云："澡浴之法，当用七物除去七病，得七福报。何谓七物？一者燃火，二者净水，三者澡豆，四者苏膏，五者淳灰，六者杨枝，七者内衣，此是澡浴之法。何谓除去七病？一者四大安隐，二者除风病，三者除湿痹，四者除寒冰，五者除热气，六者除垢秽，七者身体轻便、眼目精明，是为除去众僧七病。如是供养，便得七福。何谓七福？一者四大无病，所生常安，勇武丁健，众所敬仰；二者所生清净，面目端正，尘水不着，为人所敬；三者身体常香，衣服洁净，见者欢喜，莫不恭敬；四者肌体濡泽，威光德大，莫不敬叹，独步无双；五者多饶人从，拂拭尘垢，自然受福，常识宿命；六者口齿香好，方白齐平，所说教令，莫不肃用；七者所生之处，自然衣裳光饰珍宝，见者悚息。"

关于"七物"的用途，沙门释慧远撰《温室经义记》云："四大安稳是内衣能，衣蔽形丑故得安隐；除风病者是淳灰能，除湿痹者是苏膏能，除寒水者是燃火能，能除热气者是杨枝能，除秽者是澡豆能，身体轻者是净水能。”梁菩提达摩撰《少室六门》亦谈道：“其七法者：一者净戒，洗荡愆非，犹如净水濯诸尘垢；二者智慧，观察内外，犹如燃火能温净水；三者分别，简弃诸恶，犹如澡豆能净垢腻；四者真实，断诸妄想，犹如杨枝能消口气；五者正信，决定无疑，犹如净灰摩身障风；六者柔和，忍辱甘受，犹如苏膏通润皮肤；七者惭愧，悔诸恶业，犹如内衣遮丑形体。”

《佛说温室洗浴众僧经》不仅介绍了洗浴与健康的关系——能除风病、湿痹、寒冰、热气、垢秽等，还能令心情愉悦、身体轻便；更有助于人际交往、促进社会关系和谐。

隋天台智者大师说门人灌顶记《方等三昧行法》中还介绍了季节与洗浴环境的关系：“秋夏内既热，于洗浴非妨，春冬二时既寒，善须调适。……若有力能办者，当造四间好舍，悉令相连，间间密隔其内差互，皆安小门悉令相通。庄严一间以为道场；其次一间香泥涂地以为净室，拟安上净衣服，及供养灰火；其次一间亦以香泥涂治，拟安香汤火炉；一间作浴室及安次衣。行者若欲入道场时，先于浴室净澡浴，以净板承足，赤体入次净室，入已却闭门。当以香汤洒身已，香烟熏身之足，然后入上净室，入已还却闭门。……若犹不办者，当以净席净缦幕等权时遮障作室……又浴室中安新净鞋履一緉。澡浴已香汤灌之，并须以杨枝净口，着净鞋履，身入次净室。”文中提及的“安香汤火炉”“以净板承足”“安新净鞋履”等细节考虑颇为周到。

唐义净译《根本说一切有部毗奈耶》“非时洗浴学处第六十”中谈到在一般情况下“半月应为洗浴”，但遇到特殊情况时则应该随时洗浴，如“暑热时彼诸苾刍不数洗故，身体萎黄”，因此天气“热时应洗”；又如“诸苾刍涉道行时，来往疲极委身而卧”，因此“道行时应洗”；又如“苾刍被风吹，时身多尘坌垢秽不净，人见讥笑”，因此“风时应洗”；“又触雨时又风雨时，泥污身体”，因此“若雨时若风雨时，随意应洗”。

唐义净撰《南海寄归内法传》“二十洗浴随时”中还谈到饮食与洗浴的关系：“洗浴者并须饥时，浴已方食有其二益：一则身体清虚无诸垢秽，二则痰癊消散能餐饮食。”

敦煌壁画中绘有不少洗浴的画面，反映了古代敦煌人对洗浴与健康关系的认识。如莫高窟五代第146窟西壁《劳度叉斗圣变》外道皈依佛教剃度出家的场面中，画了几个外道正在束腰高底的圆盆中盥洗：有的正在解发洗头；有的上身裸体，准备擦洗身体；有的正在洗脸（图13）。其中有一人正俯身低头在一高足盥洗器中洗头，形象夸张生动

图13 五代第146窟西壁
劳度叉斗圣变·洗浴

图14 五代第146窟西壁
劳度叉斗圣变·洗头

图 15　盛唐第 31 窟南壁
金刚经变 · 洗足

图 16　隋代第 302 窟人字披西披
福田经变 · 浴池

（图 14）。外道皈依佛教时必须洗浴干净，反映了佛教对洗浴的重视。

又如盛唐第 31 窟南壁《金刚经变》中有一个画面描绘释迦牟尼佛内穿僧祇支，外穿袒右肩红色袈裟，坐在须弥座上，左脚盘起，右脚置一盆中；一个头梳双垂鬟髻、身穿宽袖长裙的中年世俗女子，跪在佛前，正在给佛洗足（图 15）。这是表现释迦佛“还至本处，饭食讫，收衣钵，洗足已，敷座而坐”的情景。常用热水洗足有利于疏通全身经络，有益于身体健康。该画面是现实生活中子女给父母洗脚、侍者给主人洗脚的真实写照。

敦煌壁画中还有浴池的画面，如隋代第 302 窟人字披西披《福田经变》中围墙内有一浴池，浴池周围植有果树，池中有两人正在洗浴；画面中还绘有通往室外的排水沟（图 16）。这是根据《佛说诸德福田经》中的第二种福田“植果园”“修浴池”描绘，反映了佛教及古代敦煌人对洗浴的重视。

特别值得注意的是，在敦煌文献P.3230《金光明最胜王经》中还记载了一份“香药洗浴方”，其方为：“咒药洗浴之法。彼人所有……恶星灾变……疫病之苦……恶梦鬼神……咒术起尸。如是诸恶为障难者，悉令除灭。诸有智者，应作如是洗浴之法，当取香药三十二味。所谓：菖蒲（跋者）、牛黄（瞿虚折娜）、苜蓿香（塞毕力迦）、麝香（莫诃婆伽）、雄黄（末捺眵罗）、合昏[欢]树（尸利洒）、白及（因达罗喝悉哆）、芎䓖（阇莫迦）、苟［枸］杞根（苫弭）、松脂（室利薛瑟得迦）、桂皮（咄者）、香附子（目窣哆）、沉香（恶揭噜）、旃檀（栴檀娜）、零陵香（多揭罗）、丁子（索瞿者）、郁金（茶矩幺）、婆律膏（曷罗娑）、

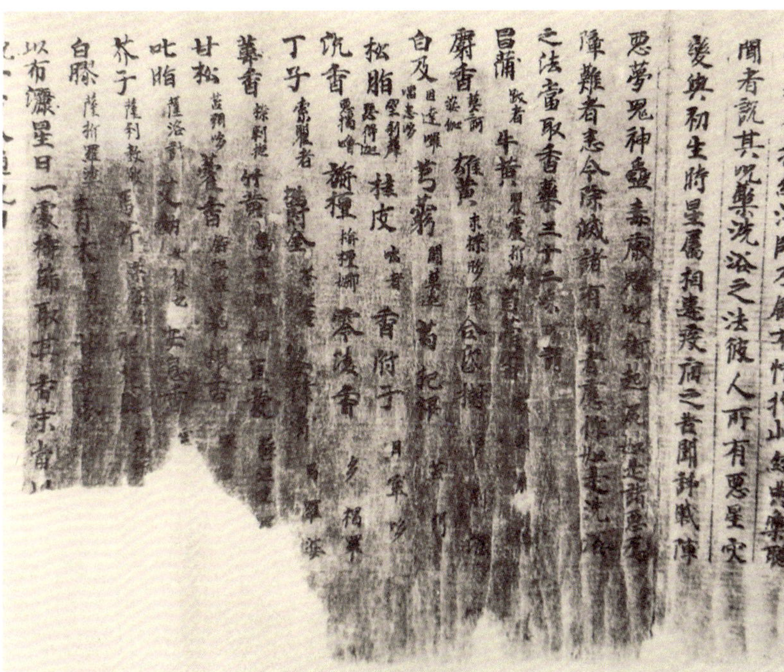

图 17　P.3230 金光明最胜王经·香药洗浴方

萎香（捺剌拖）、竹黄（鹘路战娜）、细豆蔻（苏泣迷罗）、甘松（苫弭哆）、藿香（钵坦罗）、茅根香（湿尸罗）、叱脂（萨洛计）. 艾纳（世黎也）、安息香（萎具罗）、芥子（萨利教跛）、马芹（叶婆你）、龙花须（那咖罗）、白胶（萨折罗婆）、青木（矩瑟佗）。皆等分，以布洒星日,一处捣筛，取其香末。”（图 17）

该洗浴方所载三十二味药物，每味药后面括号内是该药物的梵文译音。这些药物大多具有芳香气味，能透表开窍，辟秽化浊，化瘀解毒，除恶杀虫，通络舒经，安静心神。煎汤洗浴，可以防病治病；制成香条点燃，还能驱除蚊蝇，净化环境。

## 美容美发之医方

敦煌文献中保存有不少当时人们使用的美容美发医方。

如P.2565写卷记载："羊髓面脂久用香悦甚良方。丁香（三分），麝香（三分，别研，绵裹煎膏，绞讫更内香，煎十数沸除之），香附子（三分），青木香（三分），白附子（三分），芎䓖（四分），辛夷仁（三分），葳蕤（三分），白芷（三分），甘松香（二分），苓陵（三分），藿香（二分），白僵蚕（二分），白蜡（八分），羊髓（三升），桃仁脂（三合），猪脂（七合），熊白（三合），酥（三合），右切，诸药绵裹，以清酒七合，水七合和渍一宿，并内脂中，暖水煎，水尽绞去滓。别研麝香，绵裹于膏中，煎十数沸，绵滤度，以杨木提搅使光，用之如法。"（图18）

又如S.4329V写卷记载："面脂方。草麻仁（二升），桃仁（二升），葳蕤仁（一合），右件三味，捣蒸，以绢三尺绞取汁，并及热腊一大两，炼令白如面脂，稀即更加腊。""苓陵香（一小两），藿香（一小两），辛夷人（一小两），香附子（一小两），土瓜根（一小两），右件五味细切，绵裹，以文火煎蓖麻等脂，内腊及香等，火勿使急，煎半日始熟，其滓各和半升许，猪脂更煎……"（图19）

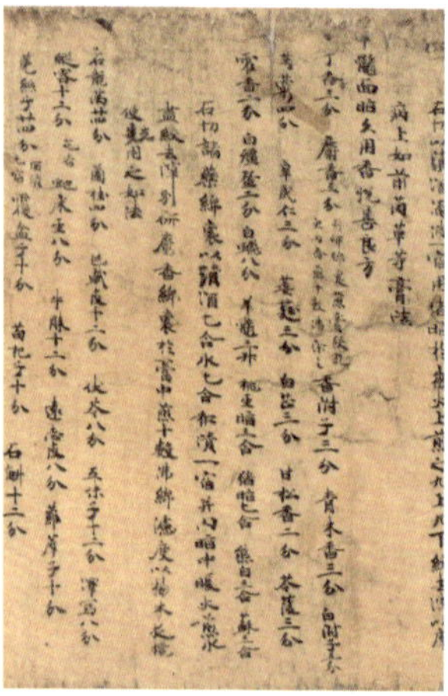

图 18 P.2565 羊髓面脂久用香悦甚良方

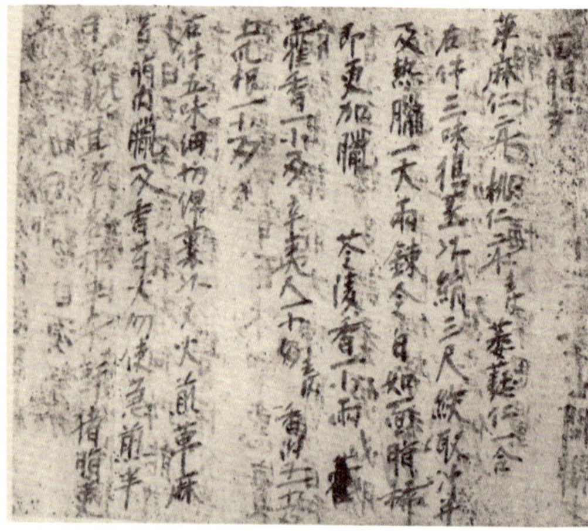

图 19 S.4329V 面脂方

同卷又载:“面膏方。玉屑(一两),白芷(一两),白蚕(一两),白蜜(一两),蕈陆(三两),辛夷(一两),白附子(四两),土瓜根(一两)……”(图 20)

又载:“洗面□方。白芷、白蚕、葳蕤、白术、杏仁、桃仁、瓜仁(已上各一两),捣和绵裹,洗面即用之。”

又载:“面散方。白珂(倍多),珊瑚(少许),白附子(少与),鹰粪(少与),右件四味各一两,细研为屑,乳和,夜上□之。”(图 21)

又载:“面膏方。白蚕(二分),生矾石(一分),白石脂(一分),杏仁(半两),□□四味捣筛和鸡子白,夜卧以涂面上。□□□以井华水洗之,老之与少同年,色□异也。”

又载:“玉屑面脂方。玉屑(四分),芎䓖(四分),章陆根(一分),

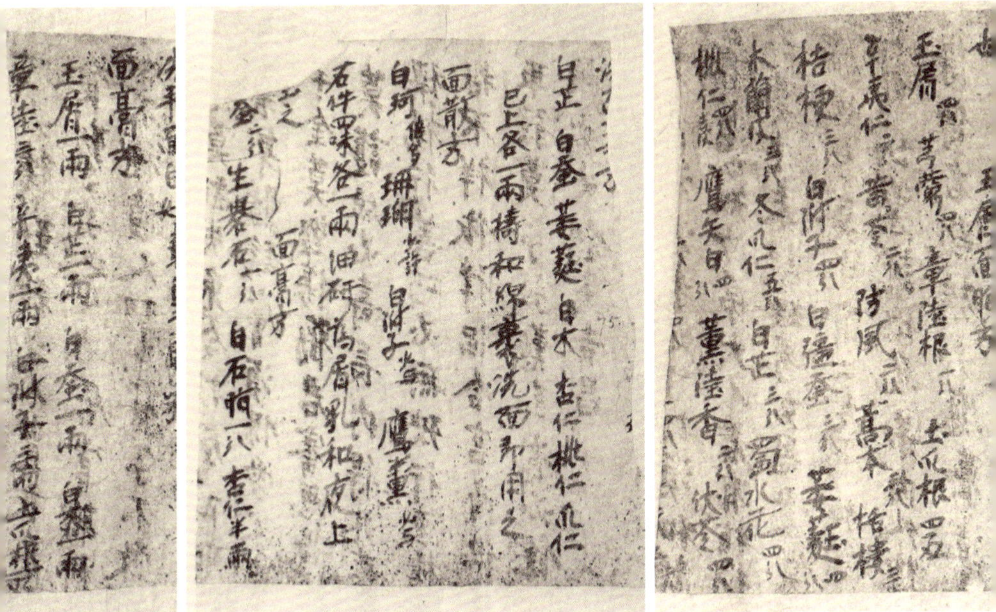

图 20–22 S.4329V 面膏方 面散方 玉屑面脂方

土瓜根（四两），辛夷仁（二分），黄芩（二分），防风（二分），藁本（三分），栝楼（三分），桔梗（三分），白附子（四分），白僵蚕（三分），葳蕤（四分），木兰皮（三分），冬瓜仁（五分），白芷（三分），蜀水花（四分），桃仁（四分，去皮），鹰矢白（四分），薰陆香（二分），茯苓（四分）……”（图 22）

为了弥补因身体健康、年龄等原因引起的脱发、白发等遗憾，有关生发、染发的各种医疗技术随之产生。

敦煌文献中保存有不少关于生发、染发的医方，如S.4329V写卷记载：“发落不生方。常以马鬃脂涂之，即自生，不可细说也。”（图 23）

又如S.1467 写卷中保存了多份有关生发的医方（图 24），其中记

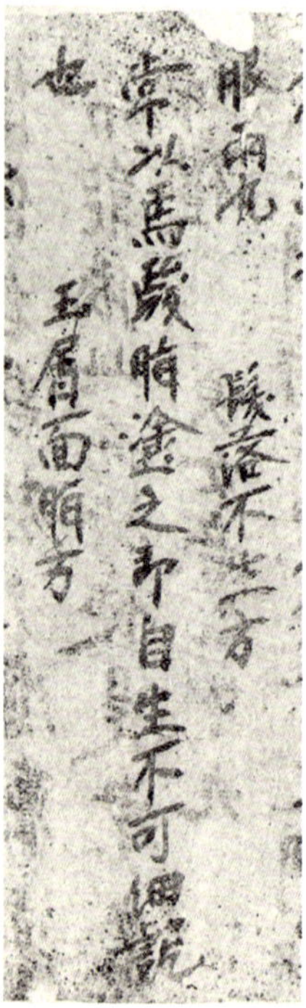

图 23 S.4329V 发落不生方

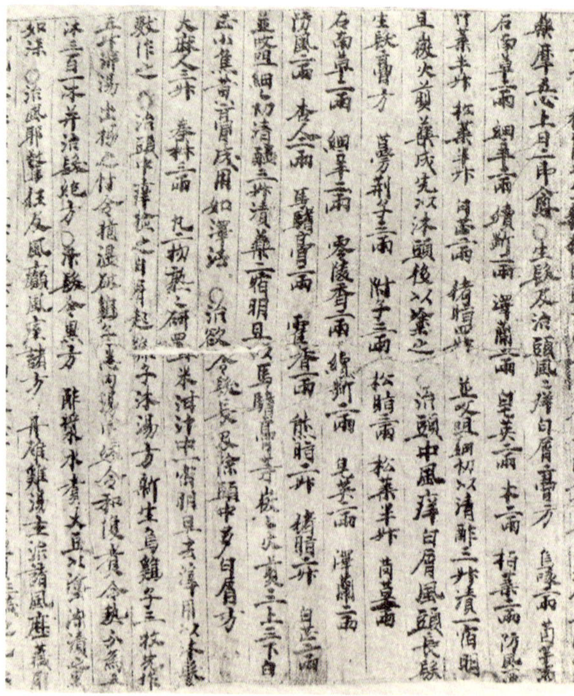

图 24 S.1467 生发及治头风风痒白屑膏方

载："生发及治头风、风痒、白屑膏方。乌喙（二两），茵芋（二两），石南草（二两），细辛（二两），续断（二两），泽兰（二两），皂荚（二两），术（二两），柏叶（二两），防风（一两），竹叶（半升），松叶（半升），白芷（二两），猪脂（四两），并㕮咀细切，以清酢三升渍一宿，明旦微火煎药成，先以沐头，后以涂之。"

又载："治头中风痒，白屑、风头、长发生发膏方。蔓荆子（三两），附子（三两），松脂（三两），松叶（半升），茵草（一两），石南草（二两），细辛（二两），零陵香（二两），续断（二两），皂荚（二两），泽兰（二两），防风（二两），杏仁（二两），马𬳿膏（二两），藿香（一两），熊脂（二升），猪脂（二升），白芷（二两），并㕮咀，细细切，清酢三升，渍药二宿，明旦以马𬳿膏等微微火煎，三上三下，白芷小焦黄膏成，用如泽法。”

又载：“治欲令发长及涂头中多白屑方。大麻人（三升），秦椒（三两），凡二物，熟熟研，置米泔汁中一宿，明旦去滓，用以沐发，数作之。”

又载：“治头中痒，搔之白屑起，鸡子沐汤方。新生乌鸡子三枚，先作五升沸汤出，扬之待令犹温，破鸡子悉内汤中，纷令和，复煮令熟，分为三沐，三百一沐，并治发绝方。”

又载：“疗发令黑方。酢浆水煮大豆，以涂染渍之，黑如柒。”

又如P.4038写卷记载：“又铅梳子方，须发已白，从根变黑。折搓紫苏（一斤，细捣为末），乳头香（一大两，捣为末），铅沙（半斤，铛中镕铅成水了，以少石流黄［硫黄］末，投铅水中，铅当时成干沙），干柞木梳子（二枚），右以腊月生油一大升，干净瓷器中盛之，以前三味投油中，浸卌日讫，以梳二枚安药中，浸一月日了，取梳出拭却药，以梳梳头并须了，依前药中浸，用良更□，使其功无比。”（图25）

同卷又载：“韦侍郎变白方。生地黄（一斤），生牛膝（半斤），桐杞子（二斤），乌麻（一斤，熬），黄连（五两），生天门冬（五两），右以酒三斤，浸七日，任服多少。”（图26）

从以上医方可以清楚地看到，面部保养及生发染发等在我国古代属于医疗事业的范畴。

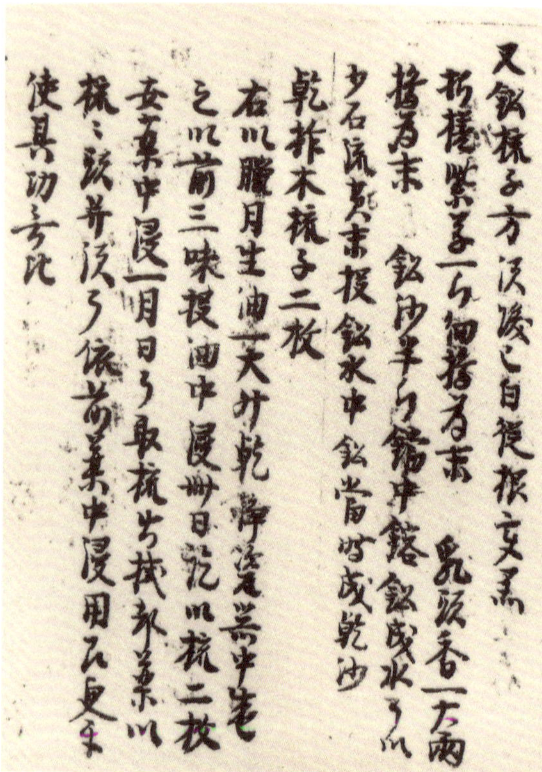

图 25 P.4038 又钻梳子方

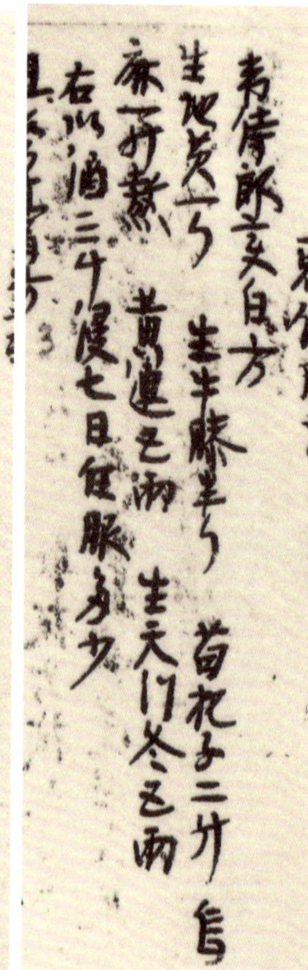

图 26 P.4038 韦侍郎变白方

## 各类医方，应有尽有

敦煌写卷中，保存了一千二百多首古代医方，涉及内、外、妇、儿、五官、皮肤科，乃至美容、养生等方方面面，可以说应有尽有。

就内科而论，治疗咳嗽类的，如P.2662写卷记载："紫苏煎。治肺病上气咳嗽，或吐脓血方。紫苏（一升，酒研取汁），款冬花、桑根白皮、桔梗（各三分），甘草（四分），诃勒皮（二分），杏仁（五分，去皮尖，熬）、石蜜（五两），猫牛酥（一升），贝母、通草（各三分）。右件药捣筛为末，和酥蜜等微火上煎一两沸，置器中，以生绢袋子及绵裹□弹丸大，含之咽汁。"（图27）

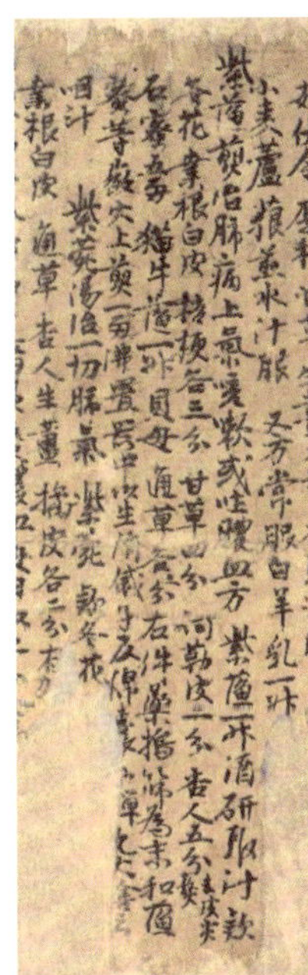

图27 P.2662紫苏煎

治疗头昏头痛的，如P.3596写卷记载："头风目眩，时时欲倒，头痛呕吐，宜服菊花丸方。菊花（六分），防风（六分），茯神（十分），枳壳

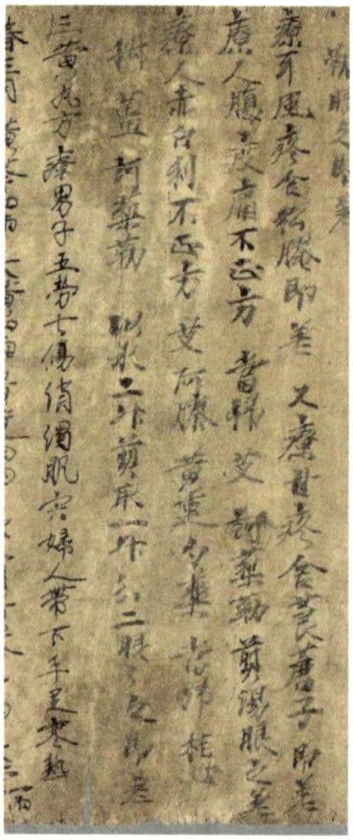

图 28　P.3378
疗人赤白痢不止方

（六分），芎䓖（八分），白术（十分），甘草（六分），槟榔仁（八分），捣筛，蜜和为丸，每日以酒廿五丸，食前［服］。忌菜、桃、李、大醋。”

治疗胃病的，如P.3596 写卷记载：“疗反胃方。大黄（四两），甘草（二两，炙），以水三升，煮即一升，分服，时已。……又方。取五月五日苍耳子，阴干，末，每服一寸匕，和水服，日再服，以差为度。”

治疗痢疾的，如P.3378 写卷记载：“疗人赤白痢不止方。艾，阿胶，黄连，芍药，当归，桂心，椒，姜，诃黎勒，以水二升，煎取一升，分二服之，即差。”（图 28）

治疗疟疾的，如P.3201 写卷记载：“疗诸疟验方。恒山（三两，上者），石膏（八两，碎，绵裹），甘竹（一握，切），糯米（一百粒），上四味以水八升，明旦欲服，晚渍药于铜器中，露置星月下高净处，刀置其上，向明取药于病人房门前，于铜器里缓火煎取三升，分三服。临发再服，若即定，不须后服，取药滓，石膏裹置心上，除四分左右手足心，勘验。”

就外科而论，治疗因从高处坠落引起内伤的，如P.3596 写卷记载：“［疗］坠落，腹内瘀血不通方。蒲黄和酒服之，良。又方。牡丹皮、牛膝、大黄等分，以水煮，服之，立差。”

治疗跌打损伤的，如S.5435 写卷记载：“疗人有诸打损疮，将效痂落却肿，疮中如针劄痛者，□手足抽痛害人方。右取豉一撮，点少许汤入盐□□烂，团做饼子，于疮口上□□大艾罚一七个，三四个后□□□忍痛炙疮熟，即便抽□□□白，即贴黄丹膏便□□。”

治疗竹木刺入体内的，如P.3596写卷记载：“疗竹木刺在皮内不出方。烧羊粪捣灰，脂和涂之，不出，更涂。又方。烧角灰，水和涂，立出。”

妇科方面保存最多的是有关产病的医方，如P.3930写卷记载：“治女人难产方。右吞皂荚子七枚，验。又方。水银如大豆许，二枚，服之即差。又方。酥、蜜各二两，暖酒一升，相和，服之三两，服甚效。”

又载：“治倒产方。取葱白（切，一握），豉（一抄），水一升，煮去滓，服之即差。又方。吞麻子二七枚，水下之即差。又方。先出手及足者，嚼盐涂掌上即效。”

又载：“治胎在腹死不出方。右大豆半升，酢二升，煮汁服之，差。……又方。子死腹中，寒热头重者，取灶下黄土和酒，服之即差。”

又载：“治产后腹痛方。右桂心、牛膝末，并酒服之即差。当归亦得。……又方。松脂如弹丸，和酒服之即差。”

又载：“治产后血不止方。白芍药（五两），打碎熬令黄色，捣筛，每日酒下方寸匕，空腹甚效。”（图29）

又载：“治产后儿藏返出不入方。右煖

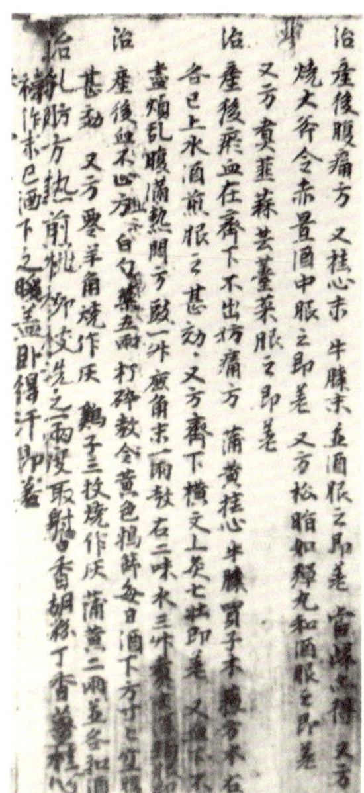

图29　P.3930治产后血不止方

一石已来。”

P.3930写卷关于产病的医方内容非常丰富，几乎面面俱到。

也有治疗妇女其他疾病的医方，如P.3596写卷记载："妇人乳中热毒肿。取青羊腹下毛烧灰，和水服。”

又如S.6177写卷记载："疗妇人月水不正方。取簸箕舌烧作灰，和酒服，即止。”

儿科方面的药方，我们在有关小儿患病的一节中有所介绍，这里不再赘述。

有关五官科的医方也有很多，如P.3930写卷中记载："治齿痛方，细辛绵裹贴龈上即差。又方，肿疼痛不可忍，即灸两手大拇指弟一节里纹上三壮即差。治牙痛有虫方，莨菪子熏之。又方，烧铁烙之，即差。又方，松脂贴牙上，即差。治疳食龈方，取葵根木烧作灰，和麝香，绵裹贴上即差。”

又载："治咽喉痛方。升麻、鼠粘子、玄参、黑豆并含之效。又方，韭一握细切，熬热，用酢和附上，似冷易之。治咽喉及舌肿方，地胆和蜜，水含服即差。……治喉痹方，取丁香（三七枚），升麻、青木香、黄芩（各二分），水一升，煎含之即差。”

又载："治耳痛方。葱白（一截），塞耳即差。又方，葱汁点耳中即差。……治耳中血出方，发际出，灶底黄土，酒渍汁，服之即差。”

又载："治鼻血不止方。发灰、龙骨，右二味捣作末，吹鼻中，羊毛裹末，塞鼻即止。”

又载："治鼻疳方，葵根灰效。”

又载："治唇烂方。胡粉、没石子、黄檗（等分末），贴向唇上即差。”

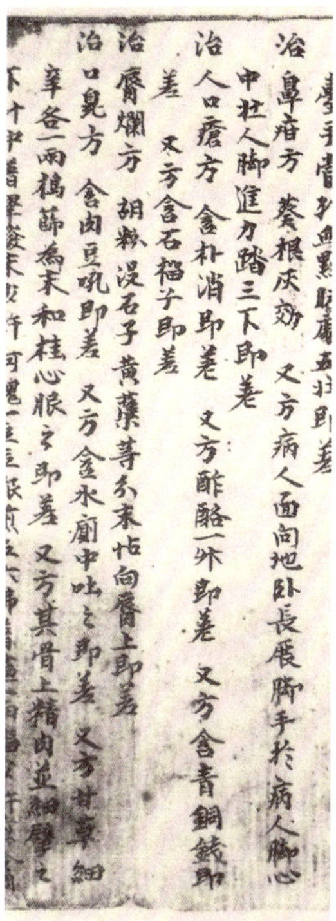

图 30　P.3930 治口臭方

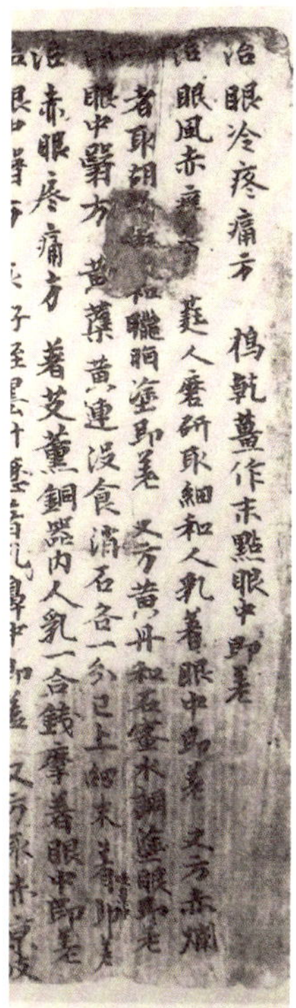

图 31　P.3930 治赤眼疼痛方

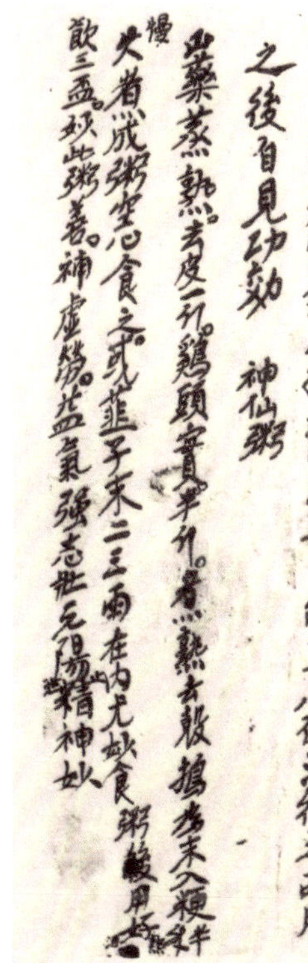

图 32　P.3810《神仙粥》

又载："治口臭方。含肉豆吼（蔻）即差。又方，含水，厕中吐之即差。又方，甘草、细辛各一两，捣筛为末，和桂心服之即差。"（图 30）

又载："治眼冷疼痛方。捣干姜作末，点眼中即差。"

又载："治眼风赤痒方。蕤人磨研取细，和人乳着眼中即差。又方，赤烂者，取胡□□和腊脂涂即差。又方，黄丹和石蜜水调涂眼，即差。"

又载："治赤眼疼痛方。着艾熏铜器，内人乳一合，钱摩（磨），着

眼中即差。”（图 31）

皮肤科方面的药方，我们在前面有关癞疮的一节中有所介绍，这里不再重述。

另外，敦煌文献P.3810《呼吸静功妙诀》文后，附有滋补养生膳食配方《神仙粥》一份（图 32），反映了敦煌五代宋时期的一种养生饮食方式。

该《神仙粥》配方书题“神仙粥”三字，全文共三行七十六字，现抄录于下：

神仙粥/山药蒸熟，去皮一斤。鸡头实半斤，煮熟去壳捣为末，入粳半升。/慢火煮成粥，空心食之。或韭子末二三雨（两）在内，尤妙。食粥后，用好热酒/饮三杯妙。此粥，善补虚劳，益气强志，壮元阳，止泄精。神妙。

用适当的中草药和米谷同煮为粥，叫作药粥，是我国一种传统的滋补养生膳食。《神仙粥》药方是道家《呼吸静功妙诀》的附方。道家气功与食疗药疗配合一体，以呼吸调养脉肾而修心，辅以补药，达到“补虚劳，益气强志，壮元阳，止泄精”之功效，正合《丹经》“心为火，肾为水，以火煮水而水化气”之理。

敦煌文献中的各类医方非常多，此处只是介绍其中一二，我们由此对古代敦煌医疗水平和人们求医问药的过程会有所了解。

## 医药机构、人员和医药学文献

据敦煌文献记载，敦煌在盛唐天宝年间（742—756年）已设有病坊，相当于现代的医院或诊所。如P.2626《天宝年代敦煌郡会计牒》载："病坊，合同前日月见在本利钱，总壹佰叁拾贯柒拾贰文，壹佰贯文本，叁拾贯柒拾贰文利；合同前日月见在杂药，总玖佰伍拾斤贰拾枚；合同前日月见在什物，总玖拾肆事：铛叁口（一受贰斗、一受壹斗、一受伍胜〔升〕、釜壹口（受伍斗）、凡（瓦）盆贰、凡（瓦）灌（罐）叁、锁肆具、刀壹口、镢壹具、锹壹张、泥漫壹，四尺床子贰、八尺床贰张、食柜壹、药柜壹、药杵壹、药臼壹、嗽单壹、步碨壹合、食单壹、□子壹面、按板壹、手罗壹、拭巾贰、白毡伍领、三席伍领、绯絁被叁张、盘壹面、甑壹口、瓮大小伍口、椀（碗）拾枚、匙箸各拾口、木盆壹、食合拾具；合同前日月见在米总壹硕陆斗捌合。"

该文书是唐天宝年间敦煌郡病坊的资金、利息及物资设备的决算单，还记载有当时敦煌郡官署衙门所司之长行坊、郡草坊、宴设厨、阶亭坊等处的物资统计情况；病坊列在其中，因此可能是官办的。病坊全部资金为一百三十贯七十二文，其中三十贯七十二文是盈利所得，

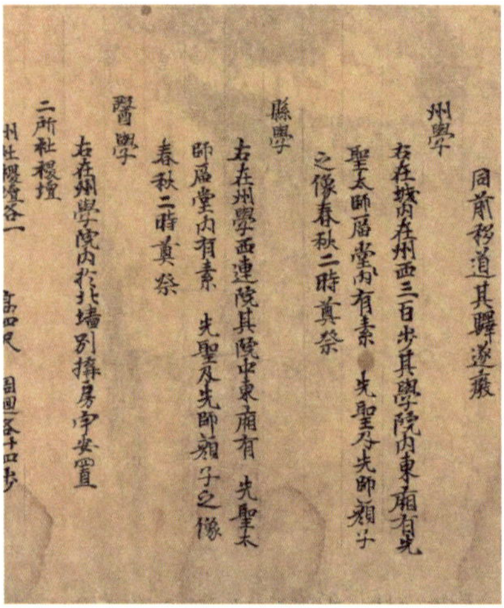
同前移道其驛遂廢
州學
右在城內在州西三百步其學院內東廂有先
聖太師廟堂內有素 先聖及先師顏子
之像春秋二時奠祭
縣學
右在州學西連院其院中東廂有 先聖太
師廟堂內有素 先聖及先師顏子之像
春秋二時奠祭
醫學
右在州學院內於北墻別構房宇安置
二所社稷壇
州社稷壇各一 高四尺 周回各廿四步

图 33 P.2005 沙州都督府图经（局部）

可见病坊是营业的；病坊既可门诊也可住院，有四尺、八尺病床各两张，备有毡、被及餐具等；病坊内还有制药的药杵、药臼、药罐等工具，规模较大，设施也比较齐全，显然是一家正规的医疗机构。

与正规医疗机构相配套的是专业的医护人员。据敦煌文献记载，古代敦煌曾设有医学所，专门培养医护人才。P.2005《沙州都督府图经》记载敦煌置有州学、县学和医学："医学。右在州学院内，于北墙别构房宇安置。"（图 33）医学与官办的州学、县学组成一个建筑群。

古代敦煌有不少医术高明的僧医，如龙兴寺的僧人翟法荣，以医驰名。P.4660《河西都僧统翟和尚邈真赞》中称他"五凉师训，一代医王，名驰帝阙，恩被遐荒，迁加僧统，位处当阳"。

报恩寺名僧索崇恩，据P.4010、4615《索崇恩和尚修功德记》等文书记载，其"门师悲同药王，施分医术，故使道应神知"。

敦煌还出现过一位叫张存的针灸师，据《太平御览》《前凉录》等文献记载："张存，敦煌人，善针。存有奴，好逃亡。止宿，行针缩奴脚，不得动；欲使，别更以针解之。"

除了正规的医疗机构和专业人员，药品也是非常重要的必需品。

唐五代时期的敦煌寺院中，便常常备有不少的药物。如S.5901《某僧向大德乞药状》是敦煌某一寺院僧人向“大德”请求布施药物的清单，里面记载：“（前缺）□□上闻大德，卑僧有少乞赐，莫违重情，欲拟和合药草，亏阙颇多，幸望尊慈，乞与橘皮、桂心、附子、香白芷、茱萸、干姜、芍药、高莨姜、草豆蔻、芎䓖、人参、胡椒、诃利勒、麻黄、地黄、细辛、黄檗、天麻、牛膝、天南星、牵牛子、茯苓、槟榔、荜茇、黄连。上件药物，乞赐少多矣。”

敦煌当时也有不少店铺药店出售各类药物，其中有些是杂货铺兼营药品，如P.3644文书记载：“厶乙铺上且有：橘皮胡桃瓤，栀子高良姜。陆路诃黎勒，大腹及槟榔。亦有莳萝荜茇，芜荑大黄。”

敦煌文献中还有关于医疗器械的记载，如P.2215《行事钞》“治病所须”中记载：“初谓医术：针、灸、刀、角、槌、椑，疗疾之具。”（图34）又S.4636《百一物本》中记载：“摩（磨）石、药臼、药杵、药□、盛药筒、捬眼药□、摩（磨）药石。”

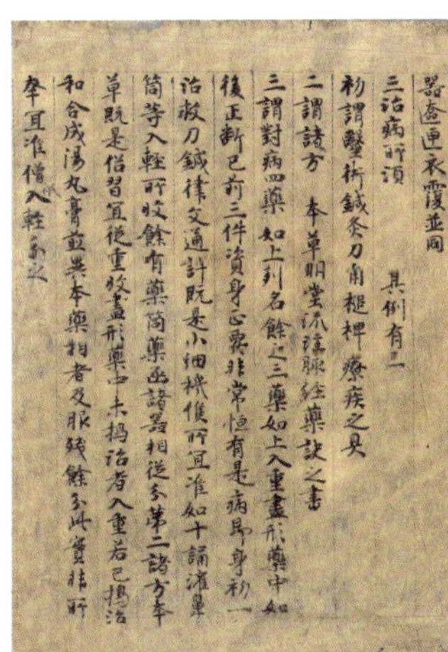

图34　P.2215　行事钞

藏经洞出土文献中，保存有八十多种关于医药学的文书，这些文献包括医学基础理论、古本草、医方、针灸、养生等论著，大体可以分为以下11类。

医经类：有《三部九候论》《病形脉诊》等。

五脏论类：有《明堂五脏论》《张

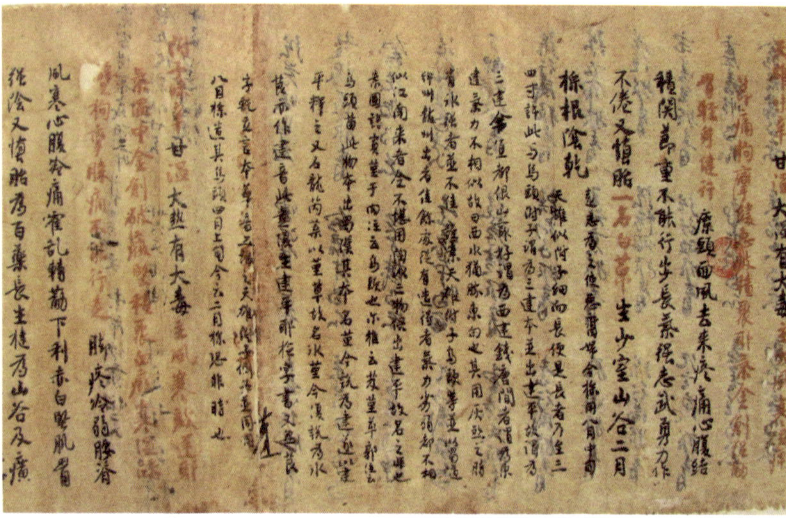

图 35 P.3714《新修本草》（局部）

仲景五脏论》等。

诊法类：有《平脉略例》《五脏脉候阴阳相乘法》《占五脏声色源候》《亡名氏脉经》《玄感脉经》《七表八里三部脉》《青乌子脉诀》等。

伤寒论类：有张仲景《伤寒论》。

医方类：有《杂疗病药方》《唐人选方》《黑帝要略方》《单药方》《不知名医方》十余种。

医术类：有《辅行诀脏腑用药要法》。

本草类：有《本草经集注》《新修本草》（图 35）、《食疗本草》《佚名氏本草序例》。

针灸类：有《灸法图》《新集备急灸经》《灸经明堂》《人神流注》等（图 36）。

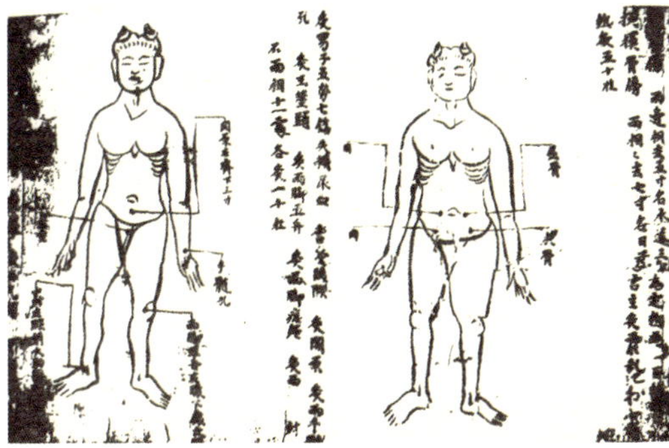

图 36　S.6168 灸经图（局部）

图 37　P.T.1058 藏文人体穴位图

辟谷、服石、杂禁方类：有《辟谷诸方》《疗服石方》《王宗杂忌单方》《陵阳禁方》《杂方术》等。

佛道医方类：有《佛家方》《道家方》等。

医史资料类：有《乞药笺》《救诸众生苦难经》中的10种死病，《劝善经》中的7种死病，《类书·医卜》中医家郭玉付，《伍子胥变文》中的“药名诗”，阴阳书中有关病症与药名，《行事钞》中的“治病所须”，《百一物本》中的医用物品，佛家语喻医方，《痔病经》中病名，等等。

此外，敦煌文献中还有用古藏文写成的藏医著作，如《藏医杂疗方》《藏医灸法残卷》《医疗术》等（图37）。

## 家属护理有利患者康复

当一个人身患重病时，除了需要及时和正确诊断治疗外，家人的悉心护理也是非常重要的，有利于患者早日康复。

敦煌壁画描绘了病人的家属在一旁侍候，或扶坐、或擦拭、或喂药，竭尽全力照顾病人的情景。

如北周第296窟窟顶北披《福田经变》中关于“常施医药疗救众病”的画面中，一年老且骨瘦如柴的病人赤裸半躺着，腿部有一被褥遮盖，身后有一对年轻男女扶着；老人头部靠在女子身上，女子一手用布为其揩擦额头。看上去这对年轻男女似是老人的子女，正在精心照料着病人。病人前侧有一男子左手端药，右手用一长勺正往病人嘴里喂药；另外，女子身后有一人正在用药臼捣制药物。喂药者和捣药者可能是医生和助手，也可能是患者的家人。不管怎样，那对扶坐的年轻男女毫无疑问是患者家人，整个侍奉病人的场景非常真实生动（图38）。

隋开皇四年（584年）建造的第302窟，窟顶人字披西披《福田经变》中也绘有“施医药”的场景。这幅画分为两组，上组画树阴下一

图 38 北周第 296 窟窟顶北披 福田经变·喂药

图 39 隋代第 302 窟人字披西披 福田经变·施医药

病人裸体躺在席上，胸部被遮挡，有两个穿红衣的女子各执其左右手，医生正对患者进行诊疗。下组画一羸弱患者，由家人扶坐，前面有医生正在调制药物，病人身后站一端药红衣女子。画中这名红衣女子可能是侍奉病人的家属（图 39）。

莫高窟五代第61窟南壁《楞伽经变》中有一幅“治病图”，画面中有两名患者坐在床上，身后各有一头梳高髻、身穿大袖裙襦的女人扶持；另有一头梳双髻的童子双手端药给一名患者（图40）。从形象上看，画面中的两个头梳高髻、身穿大袖裙襦的女人应该分别是两个患者的家属，正在病坊里陪伴照顾病人；而端药的童子则可能是病坊内的护工。画面中描绘的情景和现代医院住院病房内的情况非常相似，大多数病人都有家属陪伴照顾。家人在一旁悉心侍候，对于患者来说是非常重要的精神抚慰。

图40 五代第61窟南壁　楞伽经变·病坊治疗图

## 念经求佛、请巫师驱鬼治病

由于地处偏僻，求医问药不易；受医疗水平的限制，加上思想认识、经济条件等诸多原因，特别是遇到一些不治之症或疑难杂症，人们便可能寻求一些特殊的方式以求消除疾病或减轻病痛。

据《法华经》中“药草喻”说，佛法如云雨滋润，能治百病，普救众生。如盛唐第 103 窟南壁《佛顶尊胜陀罗尼经变》便有一幅念经治病图，画面中一瘦骨嶙峋、赤裸上身、下穿红色长袍的患病老者，病人两侧各坐一妇女，皆双手合十坐在地上。患者右侧妇女上穿赭色交领宽袖襦衣，下穿土黄色长裙；左侧妇女上穿赭红色宽袖襦衣，下穿绿色长裙，三人神情都非常虔诚，双眼充满期望做聆听状。患者前面有一人跪地，双手展开佛经正在对着患病的老人诵读。身后站一男子拱手行作揖礼（图 41）。

盛唐第 217 窟南壁《佛顶尊胜陀罗尼经变》中也绘有念经治病的画面。画中一病人在屋内床上，由左右两人搀扶坐着，两人双手合十祈愿，床前一信士正在念诵佛经（图 42）。

这是病患的家人请信士前来念经祛病祈福，正如《佛顶尊胜陀

图 41　盛唐第 103 窟南壁　佛顶尊胜陀罗尼经变・念经治病

图 42　盛唐第 217 窟南壁 佛顶尊胜陀罗尼经变・念经治病

图 43　中唐第 468 窟北壁 佛顶尊胜陀罗尼经变・巫术作法

罗尼经》中所说:“若人遇大恶病,闻此陀罗尼,即得永离一切诸病。”一人患病,全家都为他诵念佛经,祈求神佛保佑,让患者早日康复。

另外,人们遇到疾病时也常常请巫觋前来驱鬼袪邪。在敦煌,巫术广泛流行于民间,并成为一种行业;出现了以此谋生的巫觋,女曰巫,男曰觋,是巫术活动的表演者和执行者。在古代,人们认为之所以会有各种灾难疾病,主要是由于鬼魂作祟,因而驱鬼除邪便成为生活中的大事。每当天灾人祸降临,人们自觉无能为力时,只好求助于神力的庇护,通过一定的巫术仪式驱鬼袪邪。

中唐第468窟北壁《药师经变》中绘有驱鬼治病的场景,画面上方绘一病人赤裸上身坐在床上,身后有一妇女扶持。画面中部有两个女巫在水边袚禳,一头梳高髻、上穿石青色襦衣、下穿赭红色长裙的女巫跪在地上,一手上举做动作,口中似乎在念咒语;另一上穿赭黑色襦衣、下穿石青色长裙的女巫跪坐在有玻璃罩的器物旁,手中拿一带柄的扇状道具。两个女巫之间,有一铁铛下着的熊熊燃烧。画面下部有一男法师坐在床上做法,床前站有一小孩,旁侧有一恶鬼正仓皇逃窜(图43)。

又如晚唐第12窟北壁《药师经变·九横死》有用巫术治病的画面,画面右下角一位赤裸上身的病人坐躺在床上,身后有一妇女搀扶。画面左侧设一神坛,画面中央有一头梳高髻、上穿石青色襦衣、下穿赭黑色长裙的女巫,手抱曲颈琵琶一边弹奏一边歌舞,用“撩病”的方式为病人袪邪治病(图44)。

又如宋代第76窟北壁《药师经变·九横死》中也有用巫术的画面,画面左侧神坛上有牛头马面的幽灵,神坛前一女巫手抱曲颈琵琶,一

图 44 晚唐第 12 窟北壁 药师经变
九横死·巫术驱鬼治病

图 45 宋代第 76 窟北壁
药师经变 九横死·女巫

边弹奏一边歌舞（图 45）。

不管是念经求佛，还是请巫觋驱鬼治病，都是当时敦煌社会生活的真实反映。有些我们看来不科学的举动，从心理学角度来看，是想通过心理慰藉来减轻病痛。

# 死

敦煌·人间四味

任何个人的存在如同世界上其他所有个体生命的存在一样，都是在一段时间的存在。也就是说，人和所有的生命体一样，只有一定的寿命，不能永远存在下去。

死亡不是死者的事而是生者的事。

——张三夕《死亡之思与死亡之诗》

# 太子出游遇死人

太子出游南门遇见病人后不久，又对父王说："我要出宫游玩。"净饭王听后心想：那位优陀夷已经和太子交为朋友，现在如果让太子出游，可能比前两次好，应该不会再让太子产生厌恶世俗而乐于出家的念头吧。想到这里，净饭王就答应了太子的请求。

但净饭王还是不放心，又把群臣召集到宫中，说道："如今太子又要出宫，我不忍心拒绝，已经答应了。太子前两次从东、南门出城，遇见老人、病人，回宫后闷闷不乐。今天让他从西门出城。你们一定要派人修治沿途道路，整修园林，香花幡盖，严禁老弱病残者和污秽之物出现在道路两旁。"

群臣接到国王的命令后，立即对下属官员传达，开始平整道路、修整园林等。

悉达多太子和优陀夷在百官和侍从的引导下，由西门出城，沿途观看的人们夹道欢迎，焚香散花，载歌载舞。

此时，净居天神心想："先前化现老人、病人在东、南二门，所有人都看见了，为此净饭王指责随从大臣众人。今天如果我化现死人，只让太子和优陀夷二人看见，这样其余的随从官员看不见我，就不会被净饭王责难处罚。"

随后，净居天神便从天而降，化作一具死尸，用牛车拉着灵柩，并将香花撒在尸体之上。棺木之后，举家大小，号哭送行。

这时，只有太子与优陀夷二人看到这个情景。太子问优陀夷："此为何物，要以香花撒在上面，又有众人号哭相送？"优陀夷默然不答。太子反复问了三次，优陀夷还是默默不语。

净居天王用威神之力，使优陀夷不知不觉地开口回答："这是死人。"太子又问："何谓死人？"优陀夷答："所谓死人，刀风解形，神识俱失，四体诸根，无所知觉。此人在世，贪恋五欲，爱惜钱财，辛苦经营，只知积聚，不识无常。如今一旦舍之而死，又为父母亲戚眷属之所爱念。命终之后，犹如草木，恩情好恶，不再相关。像这样的死人，实在令人感到悲哀呀！"

太子听了这些话，心中大为震惊。又问优陀夷："只有这一人要死，还是人人都要死？"优陀夷说："世间上的一切人都会死亡，没有贵贱之分，谁也不可脱免。"

太子素性恬静，不爱冲动，但听了此话后，心不平静，身不自安，激动地对优陀夷说："人世间有如此死难之苦，为什么人们还在天天纵欲无度，心如木石，不知畏惧？"

太子说完，即令驾车者回车还宫。驾车者对太子说："前两次出门，未到园林，中途而返，致使大王见怪，嗔怒责备我们。今天我们岂敢又中途而返？"此时，优陀夷对驾车者："我们不能返回，一定要继续前往园林。"

到了园林，处处香花幡盖，宫娥彩女载歌载舞，妖艳媚态，想博得太子的欢喜。然而太子毫不动心，端坐在树下，静静思考。就在此时，优陀夷来到太子身边，对太子说："从古至今，世上没有弃国学道的君王，都是享受人间的五欲之乐，然后出家学道。太子为什么这样断绝人生五欲之乐，不顾世间人情伦理呢？你应该顾全人情伦理，享受人间五欲之乐，令有子息，不绝王嗣。"

太子对优陀夷说："我并非不想以身捐国，也不是不愿享受人生五欲之乐，因为害怕生老病死的缘故，不敢沉溺在五欲之中。你所说的古代君王都是先经五欲然后出家学道的，那么这些君王今天在什么地方呢？因为他们曾经沉溺在五欲之中，他们今天或在地狱，已成恶鬼；或在六道，已成畜生，永远在生死轮回之中。所以我现在想找一条离开生老病死之苦的道路，而你为什么要劝导我沉溺于五欲危途中呢？"

优陀夷竭尽全力也无法劝导太子回心转意。太子又独自静坐思考一会儿后，命令众人起驾回宫。随从大臣、宫女和优陀夷，担心回宫后

图 1　北周第 290 窟人字披西披　佛传·太子出西门遇见死人

被净饭王责备，一个个心情沮丧，愁眉苦脸，就像自己的亲人刚刚死去一样。

太子回到宫中，更加忧闷不乐。一直到太子出北门遇见净居天神化作的僧人后，得知比丘所学的是没有各种人生烦恼的圣道，不执着于人间的色声香味，触五欲之乐，永得无为，到达不生不灭的涅槃境界，认识到“我先见有老病死苦，昼夜常恐为此所逼。今见比丘，开悟我情，示解脱路”，太子才心情愉快，颜容欢娱，感叹：“唯是为快！”

莫高窟北周第290窟人字披佛传故事画中绘有太子出西门遇见死人和出北门遇见僧人的画面（图1、图2）。

图2 北周第290窟人字披西披 佛传·太子出北门遇见僧人

## 死于非命的“九横死”

敦煌壁画中《药师经变》中的“九横死图”表现了当时人们对一些灾难的恐惧。

所谓“横死”，即死于非命。“九横死”，据《药师琉璃光七佛本愿功德经》云：

一者若诸有情得病虽轻，然无医药及看病者，设复遇医不授其药，实不应死而便横死。又信世间邪魔外道妖孽之师，妄说祸福便生恐动，心不自正，卜问吉凶，杀诸众生，求神解奏呼召魍魉，请福祈恩，欲冀延年，终不能得。愚迷倒见，遂令横死，入于地狱无有出期。

二者横为王法之所诛戮。

三者畋猎嬉戏，耽淫嗜酒放逸无度，横为非人夺其精气。

四者横为火焚。

五者横为水溺。

六者横为种种恶兽所啖。

七者横堕山崖。

八者横为毒药厌祷咒诅起尸鬼等之所中害。

九者饥渴所困不得饮食而便横死。

图 4　中唐第 231 窟北壁药师经变　九横死·为火焚与为兽啗

佛经中所列举的九种横死，在壁画中有生动形象的描绘。如宋代第 76 窟北壁所绘“九横死”，画面中一病人躺卧在床上，一女子着上襦下裙，站在床头，双手合十；一男子戴幞头，穿袍服，坐在床尾，亦双手合十；二人或在祈祷，或在作咒，或在念经。有学者认为这二人是女巫和男觋，画面通过巫医治病的情景来表现“一者若诸有情得病虽轻，然无医药及看病者，设复遇医不授其药，实不应死而便横死”（图 3）。中唐第 231 窟北壁所绘“九横死”，一人正在火团中挣扎，其上方有一猛兽追赶一人，表现的是“四者横为火焚”和“六者横为种种恶兽所啗”（图 4）。中唐第 154 窟西壁龛内所绘“七者横

图 3　宋代第 76 窟北壁药师经变　九横死·因病横死

图 5　中唐第 154 窟西壁龛内
药师经变　九横死·横堕山崖

堕山崖”的情景中，画面下方挥双袖、叉开双腿者即横堕山崖之人，其上方是雷神在云中挥舞雷鼓，表示下面的人正遭雷击（图 5）。有些内容不宜全部表现，如宋代第 76 窟在绘制“八者横为毒药厌祷咒诅起尸鬼等之所中害”时，只设法表现其中的“为毒药所害”。画面中绘一戴幞头者与一外道坐在地毯上，中间放一药包，戴幞头者左手平置胸前，右手做摇摆状，表示不为所惑；旁有一人站立两手合十；画面榜题为：“八者不为毒药所中死。”（图 6）又，在第 148 窟的画面中，一张低床上坐着一位病人，床前站一妇女，面对患者，一赤膊男子在手舞足蹈，他周围的地面上插着小旗之类的物品，另有一妇女弹琵琶为其伴奏。中唐第 358 窟则绘患者面前为一“马面”人骑在毛驴身上，驴

图 6　宋代第 76 窟北壁
药师经变　九横死·为毒药所中死

图 7　中唐第 358 窟　药师经变
九横死·初横死

站在小方台上，也做舞蹈状。这两个场景即经文“初横”中所说“信世间邪魔外道”，反映了民间所谓“疗病”“跳神”之俗（图 7）。又，在敦煌藏经洞绢画中所绘“九横死”，画面上方绘一人头戴幞头，身穿红袍，足蹬乌靴，正被两只猛虎追赶；下方绘一人从山崖往下飘坠，分别绘“六者横为种种恶兽所噉”和“七者横堕山崖”（图 8）。

图 8　藏经洞绢画　九横死（局部）

在九种横死中，人们最为担忧的是生病，这与当时的医疗卫生条件有关；其他如为兽噉、堕山崖、为咒诅起尸鬼等所害则与当时的社会经济环境及科学发展程度有关。

## 敦煌壁画中的地狱变

敦煌壁画中有不少地狱图。如初唐第321窟前室西壁门南残存的《地狱变》，描绘阎罗王坐堂审讯犯人，旁边有判官跪地宣读罪状，罪人披枷戴锁，站立受审，牛头鬼持刀杖站在一旁（图9）。另外绘有鬼卒正在对两人犯人行刑（图10）。

又如榆林窟五代第19窟北壁所绘的《地狱变》（也有学者认为是《目连变相》），城楼两侧有武士守门，一门官领着戴枷锁的男女入

图9-10　初唐第321窟前室西壁　地狱变（局部）

图 11　榆林窟五代第 19 窟前室甬道北壁　地狱变（局部）

图 12　榆林窟五代第 19 窟前室甬道北壁　地狱变（局部）

城；城内一大殿里阎罗王正中而坐，殿前有鬼卒在对犯人锯解施刑（图 11）；又一画面绘四个鬼卒挥舞刀棒，正在驱赶八个亡人（图 12）；画面中还绘有汤镬、石磨等刑具。

榆林窟第 33 窟东壁门上的地狱图，地藏菩萨手持锡杖坐在莲台上，身光射线反映菩萨正接引亡人升天；左右两侧各有一人，分别拿铁札、令牌，记录亡灵的罪恶、福报等诸业。画面左侧的冥王身穿盔

图 13 榆林窟五代第 33 窟东壁 地狱图

甲，指挥鬼卒对犯人用刑，绘业镜台、镬汤狱、锯解狱等。画面右侧的冥王头戴冕旒，前面有男女手捧供品。上侧有鬼卒在驱赶亡灵，绘毒蛇狱、粪秽狱等（图 13）。

据敦煌变文《目连缘起》中描述地狱的情景，“一日万生万死，或刀山剑树，或铁犁耕舌，或汁铜灌口，或吞热铁火丸，或抱铜柱，身体焦燃烂坏，枷锁杻械，不曾离身，牛头每日凌迟，狱卒终朝来拷，镬汤煎煮，痛苦难当”。犯罪之人在地狱中受尽煎熬，让人看后毛骨悚然。有信仰者便有可能反思自己一生的所作所为，担心自己死后是否会遭受如此的酷刑。

榆林窟五代第 19 窟南壁绘《六道轮回图》，详尽描绘了佛教的因果轮回观念，画面中以圆轮的形式描绘“天”“人”“阿修罗”“地狱”“饿鬼”“畜生”生死轮回的过程（图 14）。另外北周第 428 窟南壁卢舍那佛像的法衣上也描绘了“三界六道”法界图——其胸部中央画须弥山，山顶画天宫、坐佛、飞天，山前画双手高举日月而坐的阿修罗王，表示天界；在胸部下方画山川、房屋、人物、农耕、牛马、禽兽、

图 14 榆林窟五代第 19 窟前室甬道南壁 六道轮回图（残）

图 15　北周第 428 窟南壁　卢舍那佛

饿鬼等，表示人间；法衣下摆上画赤身裸体、狂奔悲号的恶人鬼怪，表示地狱；从横向上分为天上、人间、地狱三界。在三界中又细分为六道，天上两道：阿修罗头顶上的天宫、坐佛、飞天代表天道，阿修罗代表非天道（天界好斗的恶神）；人间三道：阿修罗下方的山川、房屋、人物代表人道，下方山林中的牛马、禽兽代表畜生道，禽兽旁侧的半裸体人物代表饿鬼道；法衣下摆上画的裸体恶鬼代表地狱道（图 15）。

轮回报应理论有效地破除了“人固有一死”“人死不能复生”等世俗社会根深蒂固的死亡观念，它对人类世界的构成方式和生存方式做了新的划分和大胆的预设。人的生命过程不再是暂时、不可逆转的，而是永不停止的、循环的，就像车轮不停地旋转。人类社会在精神上需要想象性地构造一个死后再生的世界。

轮回过程中不仅有天道、人道、畜生道这些大目标，其中还有具

图 16-18　榆林窟五代第 33 窟　东壁　地狱图之镬汤地狱锯解地狱粪秽地狱

体的小目标。如地狱变中的“刀山地狱”“镬汤地狱”“寒冰地狱”“剑树地狱”“拔舌地狱”“毒蛇地狱”“剉碓地狱”“锯解地狱”“铁床地狱”“黑暗地狱”“截膝地狱”“阿鼻地狱”“饿鬼地狱”“刀船地狱”“铁轮地狱”“粪秽地狱”等十多种地狱（图 16—图 18）。

# 举哀、治丧与出殡

亲友逝世，难免哀哭，这是情之所至，也是礼之所需。如莫高窟盛唐第 148 窟、中唐第 158 窟等洞窟的《涅槃经变》中，举哀的弟子或号啕大哭，或痛哭流涕，或捶胸顿足，或全身扑向前，旁人劝阻搀扶；各国王子的哀悼方式十分惨烈，分别以削鼻、刺胸、割耳、剜心来为佛陀举哀（图 19）。而佛母摩耶夫人在天上听说佛陀涅槃，顿时闷绝倒地，不省人事，诸天女急忙以冷水洒面，良久乃醒；自拔头发，悲伤欲绝。待与众天女乘云来到佛陀涅槃处，先是“大闷绝不能自胜，诸天女等以水洒面，然后方苏醒”，随后又“垂泪呜咽强自抑忍”。

治丧，丧葬互助是敦煌地区的一大特点，主要有三种方式：

第一，结社互助。如P.2817《社司转帖》：“索富定身亡，合有送吊酒壹瓮，人各粟一斗，土褐布色物壹疋，柴一束，幸请诸公等，帖［至］限今月□□（日）卯时，于长太兰若门前取齐。”S.2041《大中年间儒风坊西巷村邻等社约》：“或孝家营葬，临事主人须投状，众共助诚，各助布壹疋。不纳者，罚油壹胜（升）。”P.3707《戊午年亲情社转帖》：“右缘傅郎母亡，准例合有吊酒，人各粟壹斗。帖至，限今月廿五日卯

图 19　中唐第 158 窟北壁　涅槃经变・各国王子举哀

时，于孔阇梨兰若取齐。”

所有的社条、社约均把丧葬互助作为社内大事，社众一律参加，赠送布帛、粮食，并有祭盘、吊酒，一切丧事协力办理，直至最后送葬至坟墓。敦煌结社互助蔚然成风，正如S.0778《王梵志诗》所说：“遥看世间人，村坊安社邑，一家有死生，合村相就泣。”

第二，官方助葬。在晚唐归义军衙府的各种破历中记载了助葬的支出，如P.4640v记载：“八月廿九日支与乐营使张怀惠助葬粗布两疋。”“九月十日支与刘和信助葬粗布壹疋。”“四月三日支与靴匠安阿丹助葬粗纸壹帖。”P.2641记载：“十八日支胡子男身故，助葬面壹硕、油叁升。”P.2629记载：“八月九日□保通助葬酒壹瓮。”

衙府的助葬活动对象包括：在本府任职的官吏及其家属、工匠及其家属、寺院的僧官。助葬的物品有粗布，用作丧服或亡人的衣被；粗纸为打纸钱、纸幡等用；粮油食品主要是供送葬者食用和供品，酒供祭奠和饮用。

第三，个人吊唁的赙赠。如S.4571vb记载：“钱财驼马壹箱、酒壹瓶。右伏 蒙大德眷私，以延滔遐聆讣告，方积哀摧，迴垂慰问之缄封，特遣吊仪之厚礼。……三月□日随使宅案孔目官孙延滔状。”该孔目官还以纸钱、纸马等明器来送丧。

出殡，敦煌壁画中绘有不少反映当时风俗习惯的出殡图。如北周第290窟窟顶西披的佛传故事画中，绘有一幅庶民出殡图。悉达多太子出游四门时，在出西门路上见到出殡的情景，见一牛车载柩，无人挽送，车上放有乘鹤仙人及引龙等明器。车顶为一人字坡形的白帐，四角垂流苏。车前一人头顶祭盘，供品是对鸡（图20）。盛唐第148窟

图 20　北周第 290 窟窟顶　佛传·出殡图

西壁《涅槃经变》中的佛陀出殡图，场面宏大，柩车为一大轝，无轮，六人肩扛。棺材遍画云气纹，象征升天。棺上为鳖甲盖，盖上立有一鸡，盖的四周为容饰，即障柩的羽葆流苏。柩车前有两乘小舆，一为香轝，一为邈舆或魂舆，一轝由四人肩扛。在小舆的两侧各有四人持幢，后为持幡者。因是佛陀之丧，所以送葬者为菩萨与僧尼弟子，但华丽的棺椁、舆车等则反映了世俗贵族的葬仪（图 21）。五代第 61 窟北壁屏风画《佛传》中的佛陀出殡图，图中的柩车为辆车，下有无辐的轮，但仍有四人肩扛而行，这恐怕是起扶持的作用，以防倾覆。辆车上有鳖甲盖，其上也立有一鸡，辆车四周为羽葆流苏（图 22）。虽然这辆辆车没有盛唐那辆舆车华丽，但也属于世俗贵族的葬仪。

两种不同形制的柩车，庶民和贵族的葬仪在壁画中得到了形象的反映，其中有一个共同的现象，即“棺上立鸡”。从北周到唐宋的壁画中，丧葬都离不了鸡。我国自古以来就有丧葬用鸡的风俗，据说原因有三个：1.鸡有辟恶的功能，《风俗通义》中记载："鸡主以御死辟恶也；" 2."鸡"与"吉"谐音，取吉祥之意；3.在佛教中，鸡居住在西方颇梨山誓愿窟中修持，而西方是极乐世界，棺上立鸡寓意把亡灵引向西方，民间称为"引魂鸡"。

图 21　盛唐第 148 窟西壁
涅槃经变 · 出殡图

图 22　五代第 61 窟北壁
涅槃经变 · 出殡图

## 多元化的丧葬方式

敦煌位于古代丝绸之路咽喉要地，既继承了中国传统的儒家、道家文化，同时也接受了佛教文化的影响，所以在丧葬方式上，具有多元化的特色。

土葬是我国历史最悠久、流行范围最广的一种丧葬形式，也是敦煌历史上最常用的葬式。据敦煌文献P.3636《类书·仓慈传》记载，后汉时期的敦煌太守仓慈卒于沙州，“千人负土，筑坟于此”。又，P.2005《沙州都督府图经》载：“阚冢，右在州东廿里，阚骃祖悰之冢也。……其冢高三丈五尺，周回卌五步。”据P.2550《冢书》记载，墓坑入地深浅均按本人品位区分，帝王之墓最深者达145尺，三场（长）以下从35尺至63尺，令长以下从3尺至17尺。坟的高度也有规定：“三品已上坟高一丈二尺，五品已上坟［高］九尺，七品已上坟高七尺，九品已上坟高六尺，庶人坟□□。”墓的深浅尺数还隐含着古代敦煌人的吉凶观念，如P.4930《堪舆书残卷》云：“入地一尺为建，二尺为除，三尺为满，……一丈二尺为闭，周而复始。满平定成收开吉，余为凶。”敦煌壁画中如北周第296窟《微妙比丘尼缘品》中就绘有土葬墓茔图（图23）。

图 23 北周第 296 窟人字披 微妙比丘尼缘品·墓茔

唐宋以来虽然敦煌已流行火葬，但仍有不少人奉行土葬，特别是当地的节度使及其亲属都行土葬，使得土葬之俗流行不衰，如P.2913《张淮深墓志铭》记载，归义军的第二任节度使张淮深“公以大顺元年（890 年）二月廿二日殒毙于本郡，时年五十有九，葬于漠高乡漠高里之南原，礼也。兼夫人颍川郡陈氏，六子……并连坟一茔，以防陵谷之变。”张淮深在政变中被害，夫人及六子全部遇难，事后均行土葬。

火葬，唐代以前只在一些西域民族中流行。唐代以后，因与佛教信仰相融合，逐渐被推广，盛行于宋。火葬也是古印度流行的一种葬式，佛教巴利语称火葬为荼毗、阇维、阇毗，即烧身、焚身之意。

关于敦煌的火葬情况，文献中有不少记载，如P.4974《天复年间沙州神力墓地诉讼状》云：“不幸家兄阵上身亡，缘是血腥之丧，其灰骨将入积代坟墓不得。……出价买得地半亩，安置亡兄灰骨。”神力之兄死于兵者，不祥，不得在祖坟内安葬，只好将其火化另购地安葬。又，S.0086《淳化二年（991年）马丑女回施疏》云：“奉为亡女弟子马氏名丑女，从病至终……城西马家、索家二兰若共施布壹疋，葬日临圹焚尸。”马丑女是一名虔诚的佛教徒，死后举行火葬。P.4660《禅和尚赞》云：“坐亡留远，一切勿为……体质灰烬，神识云飞。”此和尚坐亡后火化。三例火葬，葬式相同，但性质与目的各异，前者为民间火葬，后二者为佛教火葬；前者是为禳除厌解，后者是为往生净土。

敦煌壁画中的火葬图主要出现在《涅槃经变》和佛传故事画中，佛经中称为“香楼荼毗”“金棺自焚”；如盛唐第148窟《涅槃经变》中的火化图规模宏大，画面上的火葬地点设在山峦之中，在地面上修建一座近一人高的台座，灵柩安放其上，周围火焰正在熊熊燃烧（图24）。五代第61窟佛传中的火化图相对较为简单，画面中心的金棺正在熊熊燃烧，送葬者在周围合十致敬（图25）。另外，北魏第257窟南壁《沙弥守戒自杀缘品》中，沙弥持刀自刎后，国王为了表彰沙弥以身殉法的行为，命人用香木火化沙弥尸体，并起塔供养（图26）。

窟葬也是敦煌地区的一种葬式，即把死者埋葬在石窟崖面上专门开凿的洞窟内，又称“崖葬”。这种洞窟即为瘗窟。莫高窟的瘗窟分布在北区，与禅窟、僧房窟相邻。从出土器物看，瘗窟以初唐、盛唐较多。瘗窟的面积最大者为9.6平方米，最小者为3.2平方米。在北区的25个瘗窟中，专为瘗埋死者而开凿者有15个，其主要特征是整窟低矮狭小，从窟顶到地面不足1米；另外一些是将禅窟、僧房窟改作瘗窟。瘗窟中埋葬的对象多以僧人、信徒为主，有单身葬、双人合葬及多

图 24　盛唐第 148 窟西壁　涅槃经变 · 火化图

图 25　五代第 61 窟北壁
佛传 · 火化图

图 26　北魏第 257 窟南壁
沙弥守戒自杀缘品 · 火化和起塔供养

人合葬。瘗窟可以是火化骨灰葬、尸体葬或塔葬，尸体无须棺木，直接放在砾石台上（图 27）。其中比较特殊的是塔葬，如B42 窟原是僧房窟，后将灶和烟道封堵，壁面的烟痕用白灰浆进行了粉刷，然后在砾石台上用土坯垒砌双塔，瘗埋死者的骨灰。

最为特殊的丧葬方式是“老人入墓”，即老人在家人的陪同下，自己前往墓冢，把墓冢作为一个修行、观想的清净场所，怀着对往生的憧憬走向最后的归宿。

图 27 北区 B42 瘗窟

## “人命将终尽，自往诣尸林”

尽管死亡是必然的，尽管死后有来世、有极乐世界可作寄托，但是“对死亡的恐惧无疑是最普遍、最根深蒂固的人类本能之一”（卡西尔《人论》），因此人们对生命是非常珍惜的，并且采取各种方法试图延长生命。《无量寿经》一方面说西方净土世界中的人都是没有极限的长寿，不仅“无量寿佛，寿命长久，不可称计”，其他往生者都“可得极长生，寿乐无有极”，但是又说：“其佛寿命四十二劫。”我们暂不管一劫究竟是多少万年，“四十二劫”毕竟是一个有限之数。而鸠摩罗什译《佛说弥勒下生经》中说，在弥勒净土中，“人寿八万四千岁”，到了“人命将终”时，“自然行诣冢间而死”。义净译《佛说弥勒下生成佛经》中亦云：“人命将终尽，自往诣尸林。”

“人命将终，自然行诣冢间而死”，这是指垂死的老人自行进入坟墓。据《弥勒大成佛经》记载：“若年衰老，自然行诣山林树下，安乐淡泊，念佛取尽，命终多生大梵天上及诸佛前。”老人入墓是为了涤尘烦、离俗世，专心致志地在墓中念佛修持，这样死后便可升入佛国，免受轮回之苦。

图 28　榆林窟中唐第 25 窟北壁　弥勒经变・老人入墓

图 29 中唐第 154 窟南壁 弥勒经变·老人入墓

敦煌壁画《弥勒经变》中的“老人入墓图”，生动形象地反映了人们对死亡的恐惧和对短暂生命眷恋的复杂心理。如榆林窟中唐第 25 窟北壁《弥勒经变》中，画面中一位须发皆白的老人坐在圆形墓茔中的土台上，安详地与亲人告别，一小孩匍匐在地向老人叩别；墓外的家眷、仆童或捧物侍立两侧，或以巾拭泪（图 28）。又如莫高窟中唐第 154 窟南壁《弥勒经变》中的《老人入墓图》，绘一个仆童双手于头顶举一包袱，一位老人手拄拐杖紧跟在后，老人身后是家眷相随（图 29）。

壁画中的老人在亲人的陪同下向坟墓走去，或搀扶着，或独立行走，或以手推车载送。老人身着袍服或披风，也有的怀抱经卷；亲人则头顶或怀抱食物及日用品，说明老人在墓中将独自生活，直至停止呼吸。老人的前方为坟墓及茔域，墓内可见有一土台或长榻，供老人坐卧之用。

在古代社会，确实有一种类似“老人入墓”的情况，如古代湖北等地有一种“寄死窑”，又叫“老人洞”“参洞”等。如官山乡西河村山坡上的一处“寄死窑”“窑洞竟然开凿得方方正正。窑洞高约 80 厘米，深约 2 米，底部和石壁都很平整，刚好躺一个人。石壁上有一个小洞，向导说是放油灯用的。洞口石壁上有凹槽，据说原来装有木门或栅栏。”（刘守华《走进“寄死窑”》，载《民俗研究》2003 年第 2 期）“从郧县城关到青曲镇沿汉江两岸山岩上，‘寄死窑’相对分布较多。一种形制是窑口上方呈拱形，入洞后窑体横向开凿，宽高各 1.5 米左右，长约 2 米。人弯腰进去，可躺下坐起，但不能直立。这类窑凿制得比较粗陋、分散。一种是方形窑口，窑内空间约 2 米宽、高，长约 3 米，窑形呈筒子状，许多窑内石壁上凿有放灯的小龛及烟痕。……窑门外凿有浅显的波浪形、树叶形花纹图案。……关于‘寄死窑’，当地民众说这是自古传下来的风俗，认为人老后不中用了，到了 60 岁就送进窑中，用土石把洞封死，只留一个小口送三天或七天饭食，然后让老人食尽而死。”（潘世东《汉水流域“寄死窑”大文化观系统阐释》，载《郧阳师范高等专科学校学报》2004 年第 5 期。）

敦煌壁画中的“老人入墓”，其性质与古代湖北的“寄死窑”性质非常相似。

## 临终关怀，安然归隐

人们最害怕的、最痛苦的事情，莫过于死亡。人人都会死，没有一个人能幸免。在古代，所谓皇帝颁发的“免死牌”，也不过是临时的、多活几天而已。

俗话说，死都不怕，还怕什么？其实不然，还有一种比死还可怕的事情，叫“生不如死”；如中国古代刑罚中的“凌迟”“腰斩”以及用钝刀砍人，等等，这时候的人往往都渴望迅速死去。还有现实中许多被病痛折磨的人，也希望自己早日死去或安乐死。这些情况，实际上反映了人死之前的一种临终状况。

临终，是人生中的最后阶段，也是非常重要但往往被许多人忽视的阶段。

佛教非常重视人生的临终阶段。据佛经记载，释迦牟尼佛曾多次宣讲阿弥陀佛的念佛法门，只要“信、愿、行”具足，不分利根、钝根，人人都可以修学。此人临终之时，阿弥陀佛与观世音菩萨、大势至菩萨等前来接引，可以往生西方极乐世界（图 30）。

念佛法门要求念佛人不仅平常发心念佛、发愿往生西方极乐世界，

图 30　初唐第 332 窟东壁　阿弥陀佛与观音、大势至菩萨

图 31　盛唐第 217 窟北壁　阿弥陀佛与观音、大势至菩萨

特别强调念佛人在临终时要保持“信、愿、行”，一心希望往生西方净土，口念阿弥陀佛名号，盼阿弥陀佛前来迎接（图 31）。

鼓励临终者念佛，实际上是一种临终关怀。善友或眷属在临终者身旁念佛非常有意义，可能令减轻临终者离开人世前的痛苦。

《观无量寿佛经》中说，通过日想观、水想观、地想观、宝树观、宝池观、宝楼观等十六观，也有助于往生西方净土。而这类观想类似于瑜伽的修炼方法，也具有使人平心静气的作用。另外，据佛经讲，只要人们虔诚供养地藏菩萨，“造地藏菩萨像，写地藏菩萨经，及念地藏菩萨名”，此人定得往生西方极乐世界，从一佛国至一佛国，从一天堂至一天堂。而且，“此人舍命之日，地藏菩萨亲自来迎，常得与地藏菩萨共同一处，闻佛所说，皆大欢喜”。显然，地藏菩萨也尽力帮助临终者减轻痛苦。当然，对于罪大恶极之人，地藏菩萨是不会迎接他到西方极乐世界，而是会送他到地狱接受审判和施以酷刑（图 32）。

图 32　藏经洞出土绢画　观无量寿经变（局部）

## 修习净土，九品往生

据佛经讲，一个人只要一心称念阿弥陀佛的名号，通过观想修行死后就可以往生西方净土。不过，死后往生净土之人，根据其修行和所作之业，被分为九品：上品上生、上品中生、上品下生、中品上生、中品中生、中品下生、下品上生、下品中生、下品下生。

敦煌壁画形象地描绘了“九品往生”的内容，如中唐第197窟北壁《观无量寿经变》画面下方的七宝池中，上品上生者坐在主尊正下方的金刚台上，上品中生等往生者则以化生的形象坐在两侧水池的花苞中（图33）。

初唐第431窟南壁则分别描绘了九类临终者往生西方净土时的情景，该“九品往生”图有九个画面，由西向东依次排列。

第一个画面为“上品上生”。画面上方，佛与弟子乘云飞来，观音菩萨和大势至菩萨正抬一座金刚台来接临终者，临终者在床前下跪礼拜。画面上方，临终者随佛、菩萨等人往生极乐世界（图34）。佛经说，上品上生者，发至诚心、深心及回向发愿心之三种心，又慈心不杀，修诸戒行，读诵大乘方等经典，修行六念。此人临命终时，阿弥陀佛及诸

图 33　中唐第 197 窟北壁　九品往生（局部）

菩萨来迎，乘金刚台，往生西方净土。

第二个画面为“上品中生”。画面下部一楼阁的房内，临终者背靠枕垫，前面有佛及菩萨来迎；从室内出来一股云气，云气中一人坐在紫金台上随佛升空而去，以示将往生西方净土（图 35）。佛经说，上品中生者，亦发三心，然于大乘法不能受持读诵修行，唯能解了第一义谛，深信因果。此人临命终时，阿弥陀佛与观世音、大势至菩萨等持紫金台，前来迎接。

第三个画面为“上品下生”。图中一佛二菩萨来迎，观世音和大势至菩萨抬一朵大莲花来到临终者床前，临终者背靠一枕垫。上方云气中一人随佛升空而去（图 36）。佛经说，上品下生者，亦发三心，然于大乘法不能受持读诵解义，唯信因果。此人临终时，阿弥陀佛与观世音、大势至及诸眷属持金莲花，化作五百化佛授手来迎。

第四个画面为“中品上生”。图中一房内临终者背靠枕垫，前面一佛二菩萨来迎。上方云气中一人坐莲花台随佛乘升空而去（图 37）。佛经说，中品上生者，持五戒八戒等，不造五逆，不造众恶。此人临命终时，阿弥陀佛与诸比丘眷属围绕，放金色光，至其人所；其人见已，心大欢喜，见已身坐莲花台。

第五个画面为“中品中生”。临终者坐在屋内，一佛二菩萨前来

图 34 初唐第 431 窟南壁 上品上生

图 35 初唐第 431 窟南壁 上品中生

图 36 初唐第 431 窟南壁 上品下生

迎接。上方云气中临终者随佛、菩萨升空而去（图 38）。佛经说："中品中生者，一日一夜持八戒斋，又，持沙弥戒、具足戒，威仪无缺。此人临命终时，见阿弥陀佛与诸眷属放金色光，持七宝莲花前来迎接。"

第六个画面为"中品下生"。临终者坐在屋内，一佛二菩萨前来迎接。上方临终者跪在彩云上，正随佛、菩萨升往天空（图 39）。佛经说，中品下生者，孝养父母，行世间善事，命终时闻阿弥陀本愿及国土乐事，往生后，经一小劫成阿罗汉。

第七个画面为"下品上生"。画面中的屋外台阶下善知识前来临终者处；屋内善知识正在给临终者讲经。房屋外有"剑树"、铁蒺藜。

上升的彩云上坐着临终者（图 40）。佛经说，下品上生者，虽诽谤佛教经典，多造众恶业，无有惭愧。此人临命终时，遇善知识为赞大乘十二部经题，又称“南无阿弥陀佛”名号，除多劫罪，往生后，经十小劫，入初地。

第八个画面为“下品中生”。画面的下部绘地狱和下油锅上刀山的受刑者，廊下有饿鬼。屋内临终者正在听善知识讲经闻法。上升的彩云中坐着临终者（图 41）。佛经说，下品中生者，毁犯五戒、八戒及具足戒，偷僧祇物，不净说法，无有惭愧。如此罪人，临命终时，地狱众火一时俱至。遇善知识为赞阿弥陀佛十力威德，除八十亿劫生死重罪，地狱猛火化为凉风，吹诸天花，花上有化佛菩萨前来迎接此人。

第九个画面为“下品下生”。画面下方，绘油锅、铁蒺藜、剑树，

图 37　初唐第 431 窟南壁　中品上生

图 38　初唐第 431 窟南壁　中品中生

图 39　初唐第 431 窟南壁　中品下生

廊下、屋顶上各绘有一裸体饿鬼，表示临终者本应“堕恶道”而永劫不得翻身。屋内临终者正在听善知识讲经闻法。上升的彩云中，坐着临终者（图 42）。佛经说，下品下生者，作五逆十恶，具诸不善。此人临命终时，遇善知识种种安慰，为说妙法，教令念佛。如是至心，念称“南无阿弥陀佛”，以此而得罪灭，往生净土。

图 40　初唐第 431 窟南壁　下品上生

图 41　初唐第 431 窟南壁　下品中生

图 42　初唐第 431 窟南壁　下品下生

## 佛教中的涅槃

人们平常谈话中，最忌讳的似乎就是言及“死”了，甚至在使用数字时，都要竭力躲开与“死”谐音的“四”。

然而，佛教及佛教艺术却偏偏喜欢谈论或描绘“死”。释迦牟尼最初创建的基本教义，其四谛中的“灭谛”，论及的便是有关“死”的问题，以后又有以“死”为专题的理论著作《大般涅槃经》。在敦煌莫高窟里，以涅槃（死）为主题绘、塑的壁画或彩塑便有十多处。

其实，只要到莫高窟唐代第 148、158 等涅槃窟中去巡礼一番，就能有所感悟。

第 148、158 窟的洞窟外观像佛寺中的一座大殿堂，而其内部形状却像一具巨大的棺材。窟内平面为横长方形，靠西壁筑高约 1 米、南北横长约 16 米的高台，高台上又筑高约 30 厘米的通长小台，形如平床，释迦牟尼便侧身卧睡其上。

躺睡在高台平床上的佛陀是那么慈祥，好像已进入甜蜜的梦境。特别是那微闭的双眼在宁静中显露出生气，侧卧的身体自然放松，密集的衣纹有规律地起伏流动，都让人感觉到释迦牟尼的“涅槃”是那么的自

然、随意、超脱（图 43）。

佛陀涅槃时的宁静、安然，好像进入梦乡的状态，实际上是长期以来许许多多老人和病人的美好愿望。常常听到他们在议论中祈祷：“但

图 43　中唐第 158 窟　涅槃像

愿走（死）的时候快一点，平静点，像睡觉那样……”（怪不得老百姓都亲切地把涅槃佛像称作睡佛、卧佛）。

佛教艺术关注人的存在，关注人死亡时的尊严，所以佛教的涅槃思想以及敦煌艺术中的涅槃塑像和壁画，能够吸引很多的人，也是很自然的现象。

生与死同时存在，关注死实际上也就是关注生；尊重死亡才是真正的尊重生存。大概，这便是佛教涅槃的“再生”意义。

## 参考文献：


[1] 中国社会科学院历史研究所、中国敦煌吐鲁番学会敦煌古文献编辑委员会、英国国家图书馆、伦敦大学亚非学院编：《英藏敦煌文献》，成都：四川人民出版社，1990 年—2009 年，第 1—15 卷。

[2] 上海古籍出版社、法国国家图书馆编：《法藏敦煌西域文献》，上海：上海古籍出版社，1995 年—2005 年，第 1—34 卷。

[3] 敦煌文物研究所编：《中国石窟·敦煌莫高窟》（全五卷），北京：文物出版社，1982 年—1987 年。

[4] 敦煌研究院主办：《敦煌研究》，总第 1—183 期。

[5] 兰州大学敦煌学研究所主办：《敦煌学辑刊》，总第 1—62 期。

[6] 季羡林主编：《敦煌学大辞典》，上海：上海辞书出版社，1998 年。

[7] 段文杰著：《敦煌石窟艺术论集》，兰州：甘肃人民出版社，1988 年。

[8] 乌丙安著：《中国民俗学》，沈阳：辽宁大学出版社，1985 年。

[9] 高国藩著：《敦煌民俗学》，上海：上海文艺出版社，1989 年。

[10] 谭蝉雪著：《敦煌民俗——丝路明珠传风情》，兰州：甘肃教

育出版社，2006 年。

［11］张锡厚著：《敦煌文学》，上海：上海古籍出版社，1980 年。

［12］马继兴主编:《敦煌古医籍考释》，南昌：江西科学技术出版社，1988 年。

［13］张侬著：《敦煌石窟秘方与灸经图》，兰州：甘肃文化出版社，1995 年。

［14］胡同庆、王义芝著：《智慧敦煌——揭秘敦煌壁画中古人生活智慧》，北京：中国旅游出版社，2015 年。